Melanie Mengel

Familienbildung mit benachteiligten Adressaten

Melanie Mengel

Familienbildung mit benachteiligten Adressaten

Eine Betrachtung aus andragogischer Perspektive

VS VERLAG FÜR SOZIALWISSENSCHAFTEN

Bibliografische Information Der Deutschen Nationalbibliothek
Die Deutsche Nationalbibliothek verzeichnet diese Publikation in der
Deutschen Nationalbibliografie; detaillierte bibliografische Daten sind im Internet über
<http://dnb.d-nb.de> abrufbar.

1. Auflage August 2007

Alle Rechte vorbehalten
© VS Verlag für Sozialwissenschaften | GWV Fachverlage GmbH, Wiesbaden 2007

Lektorat: Monika Mülhausen / Bettina Endres

Der VS Verlag für Sozialwissenschaften ist ein Unternehmen von Springer Science+Business Media.
www.vs-verlag.de

Das Werk einschließlich aller seiner Teile ist urheberrechtlich geschützt. Jede Verwertung außerhalb der engen Grenzen des Urheberrechtsgesetzes ist ohne Zustimmung des Verlags unzulässig und strafbar. Das gilt insbesondere für Vervielfältigungen, Übersetzungen, Mikroverfilmungen und die Einspeicherung und Verarbeitung in elektronischen Systemen.

Die Wiedergabe von Gebrauchsnamen, Handelsnamen, Warenbezeichnungen usw. in diesem Werk berechtigt auch ohne besondere Kennzeichnung nicht zu der Annahme, dass solche Namen im Sinne der Warenzeichen- und Markenschutz-Gesetzgebung als frei zu betrachten wären und daher von jedermann benutzt werden dürften.

Umschlaggestaltung: KünkelLopka Medienentwicklung, Heidelberg
Druck und buchbinderische Verarbeitung: Krips b.v., Meppel
Gedruckt auf säurefreiem und chlorfrei gebleichtem Papier
Printed in the Netherlands

ISBN 978-3-531-15614-9

Inhalt

Abbildungsverzeichnis 8

1 Einführung 11

2 Familienbildung: Allgemeine Darstellung unter spezifischer
   Berücksichtigung benachteiligter Adressaten 15

2.1 Historische Entwicklungslinien und gesellschaftlicher Bezüge der
     Familienbildung 16
     2.1.1 Von den Mütterschulen zur Familienbildungsstätte 17
     2.1.2 Familien-Bildung und Familienbildungsstätten 18
     2.1.3 Gesellschaft, Familie und Erziehung 20

2.2 Aktuelle Aufgaben der Familienbildung und strukturelle
     Besonderheiten 25
     2.2.1 Die rechtliche Beauftragung der Familienbildung 25
     2.2.2 Fokus Bildung oder Fürsorge?
            Inhaltliche Unschärfen und Klärungsbedarfe 28
     2.2.3 Formale Zuständigkeit von Jugendhilfe und
            Erwachsenenbildung 31

2.3 Die institutionelle Realität 33
     2.3.1 Trägerlandschaft und Formen 33
     2.3.2 Angebote und Nutzung der Einrichtungen 36
     2.3.3 Finanzielle und personelle Ausstattung 40

2.4 Kurzbefragung der bayerischen Familienbildungsstätten
     zu Angeboten für benachteiligte Familien 43

2.5 Familienbildung mit benachteiligten Adressaten – ein erstes Fazit 46

3	**Die Perspektive der Adressaten**	**51**
3.1	Die Adressatengruppe ‚Familien in benachteiligten Lebenslagen'	51
	3.1.1 Die verschiedenen Dimensionen von Benachteiligung	52
	3.1.2 Vielfalt der Lebenssituationen und Bewältigungsstrategien	57
	3.1.3 Mögliche Inhalte einer Familienbildung mit benachteiligten Adressaten	60
3.2	Der Bedarf an Familienbildung aus Sicht von Eltern	63
	3.2.1 Allgemeiner Vorrang privater Erziehung und privater Lösungsstrategien	63
	3.2.2 Wahrnehmung institutioneller Familienbildung	65
3.3	Ergebnisse der Erwachsenenbildungsforschung zu Bildungsinteressen und -barrieren benachteiligter Adressaten	67
	3.3.1 Historische Bildungsforschung: Bildung als Ausschlusserfahrung	69
	3.3.2 Aktuelle Daten zu Partizipation und Bildungseinstellungen	70
3.4	Der Zielgruppenansatz als theoretisch-didaktisches Modell der Bildungsarbeit mit sozial Benachteiligten	72
	3.4.1 Zielgruppenarbeit als Beitrag zur Demokratisierung der Gesellschaft	74
	3.4.2 Pädagogische Auslegung der Zielgruppenarbeit	75
	3.4.3 Zielgruppenarbeit als Organisationsfolie	77
	3.4.4 Zielgruppenarbeit als Mittel zur Sozialpädagogisierung und politischen Instrumentalisierung	77
	3.4.5 Aktuelle Bedeutung des Zielgruppenansatzes	78
3.5	Bildung und Lernen aus Perspektive benachteiligter sozialer Milieus	79
	3.5.1 Das Konzept des Habitus als Verschränkung von sozialer Lage und Lebensstil	80
	3.5.2 Aktuelle Ergebnisse aus der sozialen Milieuforschung	82
3.6	Zusammenführung der Ergebnisse zu Anforderungen an die Familienbildung	89

4	**Lern- und Bildungskonzepte für eine Familienbildung mit benachteiligten Adressaten**	**95**
4.1	Wie kommen Eltern zur Bildung? – Lernen und Bildung aus der Perspektive des Subjekts	96
	4.1.1 Warum und wie lernen Erwachsene? Lerninteressen und -anlässe aus subjektwissenschaftlicher Sicht	97
	4.1.2 Subjektorientierte Bildungsangebote	99
4.2	Wie steht die Bildung zum Alltag? Lebensweltliche Gestaltung von Angeboten der Familienbildung	103
	4.2.1 Theoretischer Hintergrund und inhaltliche Bestimmung	103
	4.2.2 Didaktische Konsequenzen aus dem Konzept der Lebenswelt	106
4.3	Zusammenführung subjektorientierter und lebensweltlicher Arbeitsansätze und Darstellung in konkreten Beispielen	109
	4.3.1 Schaffung integrierter sozialer Räume zur Unterstützung von Eigenaktivität und Selbsthilfe	110
	4.3.2 Das Aufsuchen alltäglicher Orte jenseits einer Problemzuschreibung	112
	4.3.3 Lebensweltliche Mittler	113
	4.3.4 Verbindung von individueller und struktureller Ebene bei Anerkennung lebensweltlichen Wissens	114
	4.3.5 Vernetzte Armutsprävention	115
5	**Schlussbetrachtung und zukünftige Handlungsfelder**	**117**
Literatur		121
Anhang		133

Abbildungen

Abb. 1	Institutionelle Landschaft der Familienbildung in Deutschland	34
Abb. 2	Zusammenstellung objektiver und subjektiver Armutsdimensionen	53
Abb. 3	Teilnahmequoten an Angeboten der allgemeinen Erwachsenenbildung nach Zugehörigkeit SINUS-Milieus .	83
Abb. 4	Formen des Lernens Erwachsener	96

„Im Hinblick auf die Familienbildung
stellt sich die Frage,
inwieweit die anhaltende Kritik an der Familienerziehung
in einem solchen Maß verunsichernd auf die Eltern wirkt,
dass die Erfahrung der Inkompetenz
sie stärker bestimmt als die Bereitschaft,
sich mit Erziehungsproblemen kritisch auseinanderzusetzen"

(Süßmuth 1978
zit. n. Schiersmann/Thiel 1981, 30).

1 Einführung

Zur Frage der Familienbildung mit benachteiligten Adressaten

Der ‚Zustand' von Familie und auch die Familienbildung erfahren gegenwärtig hohe öffentliche Aufmerksamkeit. Dabei ist der Gedanke, Erziehende qua Bildung in ihrer Erziehungstätigkeit zu unterstützen, bereits mehrere hundert Jahre alt. Seine jeweilige Aktualität ist hingegen meist eng verbunden mit der Bewertung von Familie in ihrer gesellschaftlichen Leistung und ihrer Wahrnehmung als funktionsfähig oder krisenhaft.

Das aktuell gestiegene Interesse an Familienbildung entwickelte sich im Kontext zweier Krisenszenarien: der Bedeutung der Familie für die Bildungsbiografien von Kindern, zugespitzt im Schlagwort der ‚sozialen Vererbung' von Bildungsabschlüssen, sowie dem steigenden Armutsrisiko von Kindern und Jugendlichen. Beide Aspekte verweisen auf Dimensionen sozialer Ungleichheit und dementsprechend wird verstärkt gefordert, benachteiligte Familien vermehrt in Angebote der Familienbildung zu integrieren – so z.B. im Beschluss der Jugendministerkonferenz (2003), dem aktuellen Kinder- und Jugendbericht (BMFSFJ 2005a) oder jüngst der Initiative der neuen Familienministerin (vgl. BMFSFJ 2006).

Tatsächlich nehmen Eltern in prekären Lebenslagen Familienbildungsangebote seltener wahr als Angehörige der ‚Mittelschicht' und gelten vielfach als „schwer erreichbar" (Riedel/Epple 2003: 27). Doch was steckt hinter diesem Etikett?

Innerhalb der folgenden Ausführungen soll der Frage nachgegangen werden, wer ‚benachteiligte Familien' sind und vor allem, welche Gründe für eine Beteiligung oder Nicht-Beteiligung bestehen, welche Interessen und Barrieren im Hinblick auf die ‚Teilhabe' an Familienbildung wirksam sind.

Bereits 1989 kritisierte Paetzold, dass nicht alle Disziplinen, die das Thema Familie und Familienbildung betrifft, an der wissenschaftlichen Diskussion beteiligt sind und „vorrangig psychologische, soziologische oder politische, weniger jedoch pädagogische Aspekte in den Mittelpunkt gerückt" werden (Paetzold/Fried 1989: 13). Doch aufgrund der je fachspezifisch vorgenommenen und damit Teilaspekte fokussierenden Sicht- und Erklärungsweisen erscheint gerade die Perspektive der Pädagogik relevant, denn diese verfügt über die Fähigkeit, verschiedene Dimensionen der Wirklichkeit von Familie aufeinander zu beziehen (vgl. ebd.: 14).

Lenkt man den Blick auf die Lern- und Bildungsstrategien von Eltern, so ist das Postulat von Paetzold zu erweitern auf die Notwendigkeit einer spezifisch andragogischen[1] Betrachtung: Familienbildung vermittelt sich im Lernen und Handeln von Eltern und unterliegt so den Bedingungen des Erwachsenenlernens: „Wenn es richtig ist, daß eine Sozial- und Bildungsarbeit mit Erwachsenen anders strukturierten anthropologischen, soziologischen, psychologischen und pädagogischen Kriterien und Problemen unterliegt als die Arbeit mit Kindern und Jugendlichen, dann kann die Wissenschaft von der Erwachsenenbildung (...) wesentlich dazu beitragen, das pädagogische Bemühen um Erwachsene zu erforschen" (Scheile 1980: 21).

Wie sieht nun eine andragogische Perspektive auf die Fragestellung der ‚Teilhabe' an Familienbildung aus? Familienbildung kann nur *mit* den Erziehenden stattfinden, ihre Interessen und ihre jeweiligen Lebens- und Lernkontexte sind deshalb relevant. Innerhalb der Familienbildung existieren jedoch kaum Untersuchungen, die sich mit den familienbezogenen ‚Bildungsbedarfen' von Eltern im allgemeinen auseinandersetzen, und noch weniger Erkenntnisse liegen im Zusammenhang mit benachteiligten Lebenslagen vor. Aus der Andragogik können jedoch Theorien und empirische Ergebnisse zu spezifischen Wechselwirkungen von Mensch und Bildung – auch differenziert nach sozialer Lage – herangezogen werden.

Und auch bei der Frage nach den Vorstellungen, die Familienbildung zugrunde liegen, kann die andragogische Perspektive ertragreich sein: So fragt die Zuschreibung der ‚schweren Erreichbarkeit' lediglich nach Defiziten auf Seiten jener, die Angebote nicht im ‚erwünschten' Ausmaß wahrnehmen. In der vorliegenden Arbeit wird hingegen, gemäß der gesetzlichen Grundlage, von einem Anspruch auf Familienbildung *aller* Erziehenden ausgegangen. Es geht darum, Eltern in ihren Interessen und Handlungsgründen ernst zu nehmen und nach einer Familienbildung zu fragen, die ihnen entspricht. Der Fokus liegt also auf den Anforderungen an die institutionelle Bildung, sich vermehrt für benachteiligte Familien zu öffnen.

Benachteiligung wird hier als mehrdimensionales Konzept des eingeschränkten Zugangs zu gesellschaftlichen Ressourcen verstanden (vgl. Brüning 2002: 12). Sie steht in Verbindung mit sozialer Ungleichheit und der Integrationsfähigkeit einer Gesellschaft und ist nicht als stigmatisierendes individuelles Merkmal zu werten (vgl. Geßner 2004: 16).

---

1 Andragogik ist die „Wissenschaft von der lebenslangen und lebensbreiten Bildung Erwachsener" (Reischmann 2004: 93).

Das Einbringen eines andragogischen Blickwinkels steht dabei nicht in Konkurrenz zu anderen Forschungsdisziplinen. Das Anliegen der folgenden Ausführungen besteht vielmehr darin, soziologische und pädagogische bzw. andragogische Erkenntnisse und Perspektiven aufeinander zu beziehen und füreinander fruchtbar zu machen. Die Zielsetzung lässt sich dementsprechend anhand dreier Fragestellungen präzisieren:

- Welche allgemeinen Bedingungen und spezifischen Schwierigkeiten lassen sich im Feld der Familienbildung finden, die im Hinblick auf benachteiligte Adressaten wirksam sind?
- Welche Informationen liegen über Familien in benachteiligten Lebenslagen vor, die einen tieferen Einblick über deren Interessen und mögliche Hinderungsgründe in Bezug auf Familienbildung gewähren können?
- Welche theoretisch-didaktischen Konzepte können Aufschluss über Zugänge zu Lernen und Bildung von Erwachsenen geben und erscheinen für die Begründung und Gestaltung eines Familienbildungsangebots mit benachteiligten Adressaten geeignet?

Da Familie, Bildung und soziale Lage bereits jeweils für sich drei sehr umfassende Themenbereiche sind, müssen bestimmte Einschränkungen vorgenommen werden. So wird die Kategorie Geschlecht weitgehend ausgeklammert, obwohl familienbildende Angebote v. a. von Frauen wahrgenommen werden. Über Unterschiede in der sozialen Lage hinaus zusätzlich geschlechtsspezifische Bedarfe herauszuarbeiten, würde den hier gesteckten Rahmen sprengen (für weitere Hinweise zum Verhältnis von sozialer Lage und Geschlecht s. Kap. 3.5.2).

Gleiches gilt für die Kategorie des kulturellen Hintergrunds: Zwar sind Familien mit Migrationshintergrund eine überdurchschnittlich von Benachteiligung betroffene Bevölkerungsgruppe (s. BMGS 2005: 49 f), doch wird auch auf sie nicht vertieft eingegangen. Viele familienbildende Konzepte für diese Zielgruppe arbeiten über den spezifischen Anknüpfungspunkt der Sprachförderung, der als vergleichsweise erfolgreicher Zugangsweg beschrieben wird (s. u. a. Wahl/Sann 2006: 146 f).[2]

---

2 Gemäß dem Berichtsystem Weiterbildung ist darüber hinaus die Teilnahmequote von Migrant(inn)en bei familienbezogenen Themen der allgemeinen Erwachsenenbildung nicht geringer als die von Deutschen (vgl. Kuwan/Thebis 2005: 44).

Aufbau des Buches

Gemäß der drei ausgeführten Fragestellungen widmet sich Kapitel 2 zunächst der Darstellung von Familienbildung in ihrer geschichtlichen Entwicklung sowie ihrer Eingebundenheit in den gesellschaftlichen Kontext (2.1). Anschließend werden die aktuellen Aufgaben und Ziele inklusive der enthaltenen inhaltlichen Unschärfen und auch strukturellen Besonderheiten beschrieben, die sich aus der doppelten Zuständigkeit von Jugendhilfe und Erwachsenenbildung ergeben (2.2). Wie Familienbildung in der Realität der institutionellen Umsetzung benachteiligte Adressaten berücksichtigt, zeigt Kap. 2.3, was durch eine eigene Kurzbefragung bayerischer Familienbildungsstätten ergänzt wird (2.4). Schließlich werden in einem ersten Fazit die Möglichkeiten und Probleme einer Familienbildung mit benachteiligten Adressaten zusammengefasst (2.5).

Die Frage der Bildungsinteressen und -barrieren aus Adressatensicht steht im Zentrum von Kapitel 3, weshalb zunächst die verschiedenen Dimensionen benachteiligter familialer Lebenslagen beschrieben werden (3.1). Der Frage, wie Eltern selbst ihren erzieherischen Unterstützungs- und Familienbildungsbedarf beurteilen, wird in Kap. 3.2 nachgegangen. Anhand historischer und aktueller Befunde aus der Adressatenforschung werden dann Interessen und Hinderungsgründe benachteiligter Bevölkerungsgruppen weiter aufgeschlüsselt (3.3). Als *das* Konzept der Erwachsenenbildung mit sozial Benachteiligten wird in Kap. 3.4 der Zielgruppenansatz vorgestellt sowie ergänzend hierzu aktuelle Erkenntnisse zu Bildung und Lernen aus der Perspektive benachteiligter sozialer Milieus (3.5). In einer Beschreibung der Anforderungen an Familienbildung werden die Ergebnisse abschließend zusammengeführt (3.6).

Wie die vorangegangenen Befunde zu einem konzeptionellen Rahmen familienbildender Angebote aufzuspannen sind, untersucht Kapitel 4: Zum einen wird durch den Ansatz der Subjektwissenschaft ein Konzept von Lernen vorgestellt, das sich an den Gründen des Subjekts für die Aufnahme von Lernhandlungen orientiert, und auch auf didaktische Konsequenzen eingegangen (4.1). Ergänzt wird dies durch den theoretisch-didaktischen Ansatz der Lebenswelt, der Bildung an der Schnittstelle objektiver und subjektiver Bedingungen behandelt (4.2). Anhand praktischer Beispiele wird beschrieben, wie sich entsprechend der erarbeiteten Anforderungen Familienbildung mit benachteiligten Adressaten umsetzen lassen kann (4.3).

Kapitel 5 schließt die Arbeit mit einer Zusammenfassung zukünftiger Handlungsfelder ab.

2 Familienbildung: Allgemeine Darstellung unter spezifischer Berücksichtigung benachteiligter Adressaten

Familienbildung ist ein Teilbereich der Erwachsenenbildung. Sie hat sich „als Ausdruck und Motor gesellschaftlicher Modernisierungsentwicklungen" (Seiverth 2001: 115) ausdifferenziert und befindet sich in einem Prozess der Institutionalisierung. Gleichzeitig war und ist Familienbildung in das System von Fürsorge und Sozialer Arbeit integriert – seit 1991 auch als gesetzliche Leistung der Jugendhilfe.

Sie ist demnach von einer zweigleisigen Struktur und Bestimmung geprägt, die nicht frei von Widersprüchen ist. Welche allgemeinen wie auch im Hinblick auf benachteiligte Adressaten spezifischen Bedingungen lassen sich nun innerhalb der Familienbildung – ihrer geschichtlichen Entwicklung und ihrer aktuellen Situation – finden?

Der Begriff der Familienbildung wird dabei verschieden definiert: Einzelne Autor(inn)en unterscheiden in Familienbildung, die sich an die Familie als Ganzes richtet, und Elternbildung als entsprechende Unterform, die vorrangig auf die Übernahme der Erzieherrolle und Verbesserung der Erziehungsfähigkeit zielt (vgl. Textor 1996: 51; Ufermann 1989: 72). In der Praxis findet die Verwendung der unterschiedlichen Begrifflichkeiten jedoch sehr ungeordnet statt und die dahinterstehenden Konzepte differieren erheblich (vgl. Tschöpe-Scheffler 2005a: 9). Andere Quellen gehen deshalb von einer synonymen Verwendung von Eltern- und Familienbildung aus (vgl. Minsel 2005: 603).

Dabei ist jedoch zu beachten: Auch wenn einzelne Autoren davon sprechen, Familienbildung wende sich an die „Familie als System" (Textor 1996: 51), stellt sich aus pädagogischer Perspektive dennoch die Frage nach dem konkreten Gegenüber, dem *Subjekt*, bei dem sich entsprechende Lern- und Bildungsprozesse vollziehen. Dies sind in erster Linie die Eltern und Erziehenden, denn selbst in integrativen Angeboten wie Eltern-Kind-Gruppen „sind nicht die Kinder die primäre Zielgruppe, sondern die Erwachsenen" (Pettinger/Rollik 2005: 16).

Wie noch ausgeführt wird, besitzt Familienbildung gewachsene Traditionen mit je unterschiedlichen Arbeitsschwerpunkten sowohl in der Familienfürsorge als auch der Erwachsenenbildung, jedoch „haben es beide mit Erwachsenen zu tun, d. h. die Arbeit unterliegt erwachsenenpädagogischen Kriterien und Problemen, mit denen sich die Wissenschaft von Erwachsenenbildung beschäftigt" (Scheile 1980: 19). Aus andragogischer Perspektive ist dabei vor allem der Subjektstatus von Eltern bedeutsam: „Die Erwachsenenbildung liefert einen Ansatzpunkt, der von Erwachsenen, d. h. den Eltern, ausgeht und Kinder und Jugendliche mit einbezieht. In der Erwachsenenbildung, verstanden als lebensbegleitende, erfahrungsnahe Identitätshilfe, sind Eltern keine Objekte. Die Familienbildung versucht die Metaebene für das System Familie zu sein, auf der mit Erwachsenen gelernt und gearbeitet wird und Eltern nicht auf pädagogisches Handeln reduziert werden sollen" (Gröne 2005: 169).

Um auch im Rahmen dieser Veröffentlichung eine Engführung auf Erziehungskompetenzen zu vermeiden, soll der Begriff der Familienbildung verwendet werden. Sie wird dabei verstanden als übergreifendes Konzept, das unterschiedliche Arbeitsansätze in sich vereint und sowohl innere wie äußere Belange des Zusammenlebens als Familie einschließt. Darüber hinaus wird davon ausgegangen, dass sich Familienbildung vorrangig – auch wenn immer wechselseitige Beeinflussungen von Eltern und Kindern unterstellt werden können – an die Erziehenden richtet. Der Fokus liegt demnach auf den Lern- und Bildungsprozessen von Eltern als erwachsenen Lernern.

2.1 Historische Entwicklungslinien und gesellschaftlicher Bezüge der Familienbildung

Der Gedanke, Eltern in ihrer Erziehungstätigkeit mithilfe von Bildung zu unterstützen, ist nicht neu: Bereits im 17. Jahrhundert findet sich bei Comenius das Bestreben, Mütter anhand von Literatur – der ‚Mütterschul' – in der ‚richtigen' Erziehung ihrer Kinder zu unterweisen. Von Pädagogen der Aufklärung, wie Rousseau oder Pestalozzi, wurde dies weitergeführt, waren doch bereits damals Klagen über das Unvermögen der Eltern bei der Erziehung ihrer Kinder zu vernehmen (vgl. Tschöpe-Scheffler 2005a, 11).

Die Entwicklung der Familienbildung zu einem eigenständigen pädagogischen Handlungsfeld steht in Zusammenhang mit dem gesellschaftlichen Wandel im Zuge der Industrialisierung und der Arbeitsteilung mit ihrer Trennung von öffentlicher und privater Sphäre der Lebensführung. Familienbildung „ist in ihrer institutionellen Form Ausdruck des ‚Reflexivwerdens der Gesellschaft und des Lebensalltags'. In dem Maße, in dem der Lebensalltag (...) als gesellschaftliche Bildungsaufgabe wahrgenommen und in Formen organisierter sozialer Beratung, Unterstützung und Bildung zum ‚Gegenstand' wird, verlieren familiäre Lebensformen den Charakter der ‚Natürlichkeit', sie werden zu gesellschaftlichen Beziehungen, die beeinflusst und gesteuert werden können" (Seiverth 2001: 116).

Indem es sich der Staat zum Auftrag macht, die Erziehung in der Familie unter dem Vorzeichen eines gesellschaftlichen Bedarfes zu betrachten und diese durch Bildungsangebote fördern zu wollen, wird ein grundsätzliches Spannungsfeld berührt: Bildungsangebote sind „polyvalent" und müssen widersprüchliche Funktionen dreier normativer Instanzen erfüllen: Sowohl gesellschaftliche Ansprüche, der eigene pädagogische Auftrag als auch die Motive der Teilnehmenden sind von den Bildungsakteuren zu berücksichtigen und auszubalancieren (vgl. Siebert 2000: 48). Auch Familienbildung muss diese Vermittlungsleistung im Spannungsfeld von öffentlicher und privater Erziehung erbringen und ihren Auftrag zwischen gesellschaftlichen Funktionserwartungen an das Gelingen familialer Sozialisation sowie den Bedarfen von Eltern positionieren.

Zusätzlich steht sie in der Tradition der Fürsorge und der Sicherung des Kindeswohls, die beinhaltet, gegebenenfalls auch mit Interventionen direkt in Familienleben und -beziehungen einzugreifen.

2.1.1 Von den Mütterschulen zur Familienbildungsstätte

In ihrer institutionalisierten Form existiert Familienbildung seit knapp hundert Jahren – 1917 wurde in Stuttgart die erste Mütterschule gegründet. Deren Aufgabe bestand gemäß ihrer Gründerin Luise Lampert darin, Kenntnisse, „die zur Pflege und Gesunderhaltung der Kinder vonnöten sind", zu vermitteln. Auch in die Erziehungstätigkeit sollte eingeführt und „die Frauen (...) von der großen Verantwortung, die sie den Kindern und dem Volke gegenüber tragen", überzeugt werden (Lampert zit. n. Schymroch 1989: 11 f).

Lampert grenzte in Anlehnung an die sich damals verbreitende ‚Neue Richtung' der Volksbildungsbewegung den expliziten Bildungsauftrag der Mütterschule von Institutionen mit fürsorgerischer Funktion ab. Dennoch stellte eine wesentliche Triebfeder der Entstehung dieser Einrichtungen die Reduzierung der hohen Säuglingssterblichkeit „und der Verwahrlosungstendenzen der Kinder der arbeitenden Bevölkerung" (Pettinger/Rollik 2005: 31) dar. Das Bemühen um eine bessere Bildung der Mütter war von ihrer „starken Funktionalisierung" (Pettinger 1995: 41) für erzieherische Aufgaben geprägt und richtete sich auch gezielt an untere Schichten, um eine „Übernahme der bürgerlichen Vorstellungen von Familie und Frauenrolle" zu erreichen (Ufermann 1989: 73).

Die Grundidee der Mütterschulen basierte auf Fröbels Konzept der Spiel- und Beschäftigungsanstalten für Kinder, in denen die Anleitung der Mütter eine zentrale Rolle spielte (vgl. Schymroch 1989: 13). In die erste Einrichtung waren demnach Kinderkrippe und Kindergarten integriert.

In der zweiten Hälfte des 19. Jahrhunderts professionalisierten sich unter dem Einfluss der damaligen Frauenbewegung die beruflichen Tätigkeiten rund um Erziehung und Bildung, was auch die Institutionalisierung der Mütterbildung vorantrieb (vgl. ebd.: 16). Nach und nach erweiterte sich das Angebot um weitere der Frauenrolle zugeschriebene Themen, wie Krankenpflege oder Haushaltsführung. Die Arbeit der Mütterschulen wurde zu dieser Zeit als staatsbürgerliche Bildung begriffen, sollte jedoch alltagsorientiert „aus dem Leben für das Leben" (ebd.: 35) der Mütter geschehen. Ende der 1920er Jahre verbreitete sich das Konzept im deutschsprachigen Raum.

Aufgrund ihrer ideologischen Funktionalisierung zur Zeit des Naziregimes waren nach dem Zweiten Weltkrieg im Zuge der Entnazifizierung zunächst alle Mütterschulen geschlossen worden.

Eine ‚zweite Mütterschulbewegung' formierte sich jedoch bereits in den 1950er Jahren, deren Träger zumeist Frauen- und Wohlfahrtsverbände, aber auch Kommunen oder die Kirchen waren. Den Ansatzpunkt bildete wiederum die materielle und psychosoziale Not vieler Mütter, die infolge des Krieges alleine für die Sicherung der Familie verantwortlich waren (vgl. ebd.: 57). Im Selbstverständnis der Mütterschulen verstand sich die Arbeit zumeist als „vorbeugende Fürsorge", die mit präventiven Bildungsangeboten Interventionsmaßnahmen vorzugreifen versuchte und „mehr der Sozialarbeit (...) als der Erwachsenenbildung zuzuordnen" war (ebd.: 59). Dies korrespondiert mit der fortschreitenden Zunahme sozialpädagogischer und pflegerischer Berufsausbildungen bei den Mitarbeiterinnen (vgl. Pettinger 1995: 42). Im Fokus der Angebote lag dementsprechend weniger die Persönlichkeitsbildung der Mütter als vielmehr die Förderung der kindlichen Entwicklung.

2.1.2 Familien-Bildung und Familienbildungsstätten

In den späten 1950er und frühen 1960er Jahren kam in der Familienbildung als Antwort auf den befürchteten Zerfall der Institution Familie wiederum verstärkt ein bürgerlicher Bildungsgedanke zum Tragen. Den diagnostizierten Auflösungserscheinungen sollte durch „Erziehung zur Familienfähigkeit" und „Bildung zur mütterlichen Persönlichkeit" (Schymroch 1989: 60), in der sich die „menschlichen und fraulichen Anlagen" (Lück zit. n. ebd.: 61) entfalten und weiter entwickeln, begegnet werden. Die Mütterschulen betrachteten sich zu diesem Zeitpunkt der Erwachsenenbildung zugehörig, in die soziale, pädagogische und kulturelle Ziele integriert wurden (vgl. Sgolik 2000: 26).

Wurde Mütterbildung nach dem Zweiten Weltkrieg noch als „Beitrag zur kompensatorischen Erziehung" begriffen, so entwickelte sie sich im Kontext des gesellschaftlichen Umbruchs Ende der 1960er Jahre zur „Unterstützung des elterlichen Erziehungsrechts und (...) eigenständigen Form der Erwachsenenbildung" (Schleicher 1979: 56).

War bis zu diesem Zeitpunkt Familienbildung ausschließlich Frauenbildung, so wurden in Folge veränderter Vorstellungen der Geschlechtsrollen zunehmend auch Kinder und Väter als Zielgruppe aufgenommen. Sichtbar wurde dies in der Umbenennung der Mütterschulen in Familienbildungsstätten.

Im Kontext der allgemeinen Politisierung in den 1970er Jahren wurde zunehmend auch Elternbildung als politische Aufgabe wahrgenommen (s. z. B. Claußen 1979). Hierzu gehörte auch die Erweiterung der Zielgruppenarbeit, in der erneut benachteiligte Adressaten, sogenannte ‚Randgruppen' wie z. B. Alleinerziehende, Arbeitslose oder Bewohner sozialer Brennpunkte, in den Blick gerieten (vgl. Schymroch 1989: 85) – jedoch nicht wie bisher in einem fürsorgerischen, sondern einem emanzipatorischen Selbstverständnis (vgl. Kap. 3.4).

Das Konzept der Familienbildungsstätten etablierte sich, zumeist verfügten sie über eigene Häuser und auch Außenstellen waren weit verbreitet. In den 1980er Jahren führte die Entwicklung der Selbsthilfebewegung zu Konkurrenzen mit der institutionellen Familienbildung, es entstanden jedoch auch neue Kooperationsformen. Neue Schwerpunkte bildeten vor allem offene Angebote zur Förderung sozialer Kontakte, Eltern-Kind-Gruppen sowie Angebote speziell für Kinder und auch die Beratungstätigkeit wurde intensiviert (vgl. Schymroch 1989: 97).

Jenseits der Entwicklung von Mütterschulen und Familienbildungsstätten war bereits die historische Trägerlandschaft von Familienbildung vielgestaltig. So wurden schon von den konfessionellen Standesverbänden und Arbeitervereinen Veranstaltungen zum Thema Erziehung und Familie angeboten. Diese Tradition wurde bei der Ausweitung von Institutionen der Erwachsenenbildung, allen voran der Volkshochschulen, fortgesetzt (vgl. Strätling 1990: 218) und auch heute noch ist Familienbildung häufig Bestandteil in deren Programm (vgl. Walter/Bierschock/Oberndorfer/Schmitt/Smolka 2000: 14 f; Lösel 2006: 34; Kap. 2.3.1).

Bereits in der Geschichte der institutionalisierten Familienbildung tritt also die Ambivalenz zwischen einem Bildungsangebot für Erwachsene und einer Jugendhilfe in fürsorgerischer Tradition vor allem im Hinblick auf benachteiligte Bevölkerungsgruppen zutage. Ihre Abhängigkeit vom historischen Kontext und ihre Verwobenheit mit gesellschaftlichen Entwicklungen spiegeln sich auch in den Zuschreibungen zur Funktionsfähigkeit von Familie, wie sie in der Frage nach der ‚Krise der Familie' und dem damit einhergehenden Bedeutungszuwachs der Familienbildung zum Ausdruck kommt.

2.1.3 Gesellschaft, Familie und Erziehung

Die strukturellen Veränderungen moderner Gesellschaften und der demografische Wandel bestimmen den grundsätzlichen Rahmen, in dem Elternschaft und Familie gelebt wird. Dabei sind Krisenzuschreibung in der Geschichte der Familie ein immer wiederkehrendes Phänomen (vgl. Mühlfeld 1995: 353), wie beispielsweise bei der Entstehung der Mütterschulen im Zusammenhang mit der Verelendung der Arbeiterschaft sichtbar wurde.

Die Auseinandersetzung mit den Bewertungen des Zustandes und dem Bild von Familie erscheint an dieser Stelle sinnvoll, denn „die Entscheidung über die Funktionsbestimmung von Familie hat unmittelbare Konsequenzen für Planung, Durchführung und Bewertung organisierter Lernprozesse mit dieser Zielgruppe" (Schiersmann/Thiel 1981: 22).

2.1.3.1 Diskussion um die ‚Krise der Familie'

Die bereits in den 1960er Jahren sich anbahnende gesellschaftliche Diskussion um die Zukunft der Institution Familie erlebte ca. zwei Jahrzehnte später eine Zuspitzung und, v.a. durch den Soziologen Beck (1986), auch öffentlichen Popularitätsschub, die seither mit den Begriffen der Enttraditionalisierung, Individualisierung und Pluralisierung umschrieben wird. Diese gesellschaftlichen Prozesse bringen für den einzelnen Menschen eine Zunahme an Wahlmöglichkeiten, aber auch den Zwang mit sich, die eigene Biografie zu planen und zu gestalten.

Auch in der Frage der Elternschaft und Familiengründung zeigt sich eine Wirkung dahingehend, dass dieser ehemals selbstverständliche Lebensweg zu einer Option neben anderen, ebenfalls gesellschaftlich anerkannten Möglichkeiten der Lebensführung wurden. Entscheidenden Einfluss auf diese Entwicklung wird dabei dem Wandel von Arbeitswelt und Zeitstrukturen zugeschrieben, der erhöhte Anforderungen an Flexibilität und Mobilität stellt und die Organisation des Familienlebens zu einem schwierigen Balanceakt macht. Auch die wachsende Verbreitung diskontinuierlicher Erwerbsverläufe, sichtbar z. B. in der Zunahme befristeter Arbeitsverhältnisse und Arbeitslosigkeit oder der Auflösung des Senioritätsprinzips, lassen die berufliche Zukunft weniger planbar erscheinen und kollidieren mit dem großen Sicherheitsbedürfnis, das bei der Frage der Familiengründung zum Tragen kommt.[3] Seinen Ausdruck findet dies in der seit 40 Jahren abnehmenden Verwirklichung und auch dem zunehmenden Aufschieben von Kinderwünschen (vgl. Engstler/Menning 2003: 77).

In der Wissenschaft zugespitzt wurde die Frage nach der Zukunft der Familie in der sog. ‚De-Institutionalisierungsthese': Während deren Vertreter(innen) den quantitativen Rückgang der sog. „Normalfamilie" bedauerten und gar ihr Ende fürchteten, deuteten andere Forscher(innen) dieses Phänomen als Wandel der Familie hin zur Erziehung in anderen Lebenskonstellationen (ausführlich hierzu s. Hettlage 1994; Nave-Herz 1994).

Die Diskussion um die ‚Krise der Familie' führte bereits früh zu einer veränderten Wahrnehmung von Familienbildung und einer „Auffassung von den Möglichkeiten von Bildung (...), die unterstellt, man könne der diagnostizierten Sozialisationsschwäche der Familie abhelfen, indem man eben Sozialisation zum Thema für ‚Familienverantwortliche' (Väter/Mütter etc.) außerhalb der Familie in eigens dafür ‚berufenen' Institutionen macht" (Mader/Weymann 1975: 90).

Ihre wachsende Bedeutung zeigte sich auch in der Einführung eines allgemeinen Anspruches auf Förderung der Erziehungstätigkeit im Jahr 1991 in Form des § 16 im neuen Kinder- und Jugendhilfegesetz (Achtes Sozialgesetzbuch) (vgl. Kap. 2.2.1).

So ist „der soziale Wandel von Familie in der Gegenwart (...) das beherrschende Thema in der soziologischen, psychologischen und familienpolitischen Literatur der letzten drei Jahrzehnte gewesen, wobei pessimistische Sichtweisen von Familie als in der Krise (...) überwogen" (Pettinger/Rollik 2005: 19). Vor allem im Kontext des schlechten Abschneidens deutscher Kinder und Jugendlicher im internationalen Bildungsvergleich rückte die Erziehungsleistung von Eltern, „die entscheidende Voraussetzungen für den Erfolg von Lern- und Bildungsprozessen der nachwachsenden Generation schafft" (Wissenschaftlicher Beirat für Familienfragen 2005: 5), wieder in den Mittelpunkt des öffentlichen Interesses. Auch aktuell überwiegt die pessimistische Diagnose der strukturellen Überforderung der Familie als Lebensform, indem ihr neben dem bereits angeführten „Bildungsdefizit" auch ein „Betreuungsdefizit" und ein „Erziehungsdefizit" (Rauschenbach 2005: 6 f) zugeschrieben wird. Darüber hinaus wird verstärkt auf die ungleichen Voraussetzungen von Familien bei der Ausstattung mit Ressourcen hingewiesen (vgl. ebd.: 7).

---

3   Nach mehrheitlicher Meinung der Bevölkerung gehören zu den guten Voraussetzungen einer Familiengründung nicht nur eine stabile Beziehung, sondern auch eine gesicherte berufliche Position, ausreichende finanzielle Absicherung und eine abgeschlossene Berufsaubildung beider Partner (vgl. Allensbach 2004: 25).

2.1.3.2 Zum aktuellen Erscheinungsbild von Familie

Aktuell ist die Institution Familie von widersprüchlichen Tendenzen gekennzeichnet: So teilen immer weniger Menschen ihren Haushalt mit Kindern, in aktuellen Umfragen messen hingegen 70% der Bevölkerung der Familie *den* zentralen Stellenwert beim Erreichen von persönlichem Glück bei (vgl. Statistisches Bundesamt 2005: 541). Diese paradoxe Entwicklung fasst Nave-Herz unter der Überschrift „Kontinuität und Wandel" (2002) dieser Institution zusammen.

Die strukturellen Veränderungen besitzen dabei auch eine qualitative Dimension im Hinblick auf die Anforderungen an Familie.

Familien werden seltener und kleiner: Die zunehmende Alterung der Bevölkerung bei einer rückläufigen Geburtenrate lässt den Anteil von Familien an der Gesamtbevölkerung schrumpfen (vgl. Engstler/Menning 2003: 24). Jedoch zeigen sich hier Korrelationen mit dem Bildungsstand, denn Personen mit einem höheren Abschluss bleiben häufiger kinderlos als Personen mit einem niedrigeren (vgl. ebd.: 74). Eine qualitative Veränderung vor diesem Hintergrund ist, dass die Möglichkeiten, eigene Erfahrungen im Aufwachsen mit Kindern zu sammeln geringer werden und weniger alltäglich, lebensweltlich vermittelte Kenntnisse in der Versorgung und Betreuung verfügbar sind.

Familien werden vielfältiger: Kinder und Jugendliche wachsen nach wie vor überwiegend in der Lebensform der ehelichen Zwei-Eltern-Familie auf, der Anteil anderer Familienformen steigt jedoch (vgl. BMFSFJ 2005a: 58). Besonders starke Zuwächse verzeichnen Ein-Eltern-Familien, hier leben in aller Regel die Kinder mit ihrer geschiedenen oder getrennt lebenden Mutter zusammen (vgl. Engstler/Menning 2003: 25). Darüber hinaus nehmen die kulturellen und ethnischen Hintergründe von Familien zu (vgl. ebd.: 54). Sowohl Alleinerziehende als auch Migrantenfamilien sind dabei von einem erhöhten Armutsrisiko betroffen (vgl. Kap. 3.1.1).

Familiale Übergänge nehmen zu: Das Risiko, eine Trennung oder Scheidung zu erleben, steigt an. Legt man Daten aus dem Jahr 2000 zugrunde, ist davon auszugehen, dass ca. 37% aller Ehen– davon ungefähr die Hälfte mit minderjährigen Kindern – mit einer Scheidung enden (vgl. Engstler/Menning 2003: 81 ff). Hinzu zu rechnen sind darüber hinaus Trennungen von nichtehelichen Lebensgemeinschaften und von Paaren, die trotz einer Trennung die Ehe aufrecht erhaltne. Diese Übergänge in der Familienbiografie sind mit besonderen Anforderungen für Eltern und Kinder verbunden: Neben der psychischen Krisenverarbeitung und der Umstellung auf die neue Lebensform ist meist auch eine Verschlechterung der wirtschaftlichen Situation zu bewältigen (ausführlich hierzu s. Gröne 2005).

Elternrollen wandeln sich: Kindheit wird zunehmend als zu gestaltender und zu steuernder Entwicklungsprozess begriffen, in dem für eine bestmögliche Förderung der kindlichen Potenziale Sorge zu tragen ist. Damit verbunden ist eine enorme Verantwortung der Erziehenden und ein hohes Risiko des ‚Versagens' (vgl. Zingeler 2005: 21). Die zunehmend emotionale und sinnstiftende Bedeutung von Kindern führte zu einer Aufwertung von deren Position und zu einer tendenziellen Enthierarchisierung des Eltern-Kind-Verhältnisses (vgl. Schütze 2002: 87). Doch zwingt die neue Rolle als gleichwertiger Partner zu einer stärkeren Legitimation und kommunikativen Aushandlung des Erziehungsverhaltens, das mit dem Schlagwort vom „Befehlshaushalt" zum „Verhandlungshaushalt" (Ecarius 2002: 221) bezeichnet wird.

Dabei unterliegen auch die Erziehungsziele einem normativen Wandel, doch nur selten sind diese Vorstellungen den Eltern explizit (vgl. Leyendecker/ Drießen 2002: 3). In der individuellen elterlichen Realität kann dies als Unsicherheit erlebt werden, zudem sich oft die Übersetzung von Zielen in konkretes Erziehungshandeln schwierig gestaltet (vgl. Cyprian 2003: 21). Die große Vielfalt und auch Widersprüchlichkeit neuer Wissensbestände, z. B. aus Psychologie und Medizin, verstärken diese häufig noch.

Partnerschaftsrollen wandeln sich: Sowohl im Bildungsstand als auch in der Erwerbsbeteiligung nehmen geschlechtsspezifische Unterschiede bei der jüngeren Generation ab (vgl. Statistisches Bundesamt 2005: 88; Engstler/ Menning 2003: 105). Das Rollenverständnis im Zusammenleben von Männern und Frauen hat sich zu einer egalitären Aufgabenverteilung hin gewandelt, in der Realität kommt es bei der Familiengründung jedoch zumeist – auch wenn vorher egalitäre Partnerschaftsmodelle gelebt wurden – zu einer Traditionalisierung: Frauen scheiden in aller Regel zumindest teilweise aus dem Erwerbsleben aus und übernehmen den größten Teil von Kinderbetreuung und Haushaltsführung. Männer erhalten das Ausmaß ihres beruflichen Engagements in aller Regel aufrecht oder verstärken es noch (s. u. a. Walter/Künzler 2002). Doch birgt dieses traditionelle Lösungsmodell im Übergang zur Elternschaft viele Konflikte, die im Vorfeld von den Partnern nur selten antizipiert werden (s. u. a. Reichle 1994; Fthenakis/Kalicki/Peitz 2002).

Die beschriebenen gesellschaftlichen Veränderungen betreffen alle Eltern. Jedoch unterscheiden sich Familien in ihrer sozialen Lage und damit auch in ihrem Zugang zu Ressourcen, der es ihnen erleichtern oder auch erschweren kann, die Aufgaben einer gelingenden Elternschaft zu bewältigen.

2.1.3.3 Pädagogisierung der Lebensführung

Die skizzierten Entwicklungen stellen hohe Ansprüche an Eltern, gleichzeitig nehmen die eigenen Erfahrungen mit Kindern ab, und eigenes Kindheitserleben sowie tradiertes Wissen erscheinen angesichts der komplexen Veränderungen nur mehr eingeschränkt übertragbar. „Die Gesellschaft erwartet von der Familie eine permanente Anpassung an neue Situationen, an gemeinschaftliche Herausforderungen und fordert ungeachtet des ökonomischen, kulturellen und sozialen Wandels ein Gelingen familiärer Sozialisation" (Das Paritätische Bildungswerk 2003: 10).

Familienbildung wird dabei zur Instanz für die Notwendigkeit des Dazulernens im „Elternberuf" (Beck-Gernsheim 1990: 136), ein Phänomen, das mit der allgemeinen „Pädagogisierung der Lebensführung" korrespondiert: „Da intermediäre Instanzen oder Großinstitutionen (...) bei der Vergesellschaftung des Individuums ihre ursprüngliche Bedeutung verloren haben, die Gesellschaft aber keinen unmittelbaren Zugriff auf die Subjekte hat, werden pädagogische Einrichtungen, Professionen und Handlungsmuster zur Konstitution von sozialer Ordnung in modernen Gesellschaften immer wichtiger" (Kade/Nittel/Seitter 1999: 27).

Diese Tendenz trifft jedoch auf ein in Deutschland weder eindeutig noch abschließend geklärtes Verhältnis von öffentlicher und privater Erziehung (vgl. BMFSFJ 2005a: 18 ff).

Das Erziehungsrecht als auch die -pflicht der Eltern wird bereits im Art. 6 des Grundgesetzes geschützt und prägte das lange vorherrschende „Leitbild von Erziehung als elterlicher Privatautonomie" (Sachße 1996: 4). Die Mitte der 1990er Jahre vom Familienministerium formulierte Aussage „Lernen, Familie zu leben – eine Ungelerntenrolle" (BMFSFJ 1996, 8) kann somit als akzeptierte Anforderung, aber auch als Zumutung erlebt werden: Immerhin wurden im Jahr 2004 in Deutschland rund 750 Mio. Euro für Erziehungsratgeber und -zeitschriften ausgegeben, die Einschaltquoten der TV-Sendung ‚Super-Nanny' liegen z. T. bei über fünf Millionen Zuschauern (vgl. Der Spiegel 2006: 79). Und auch die Nachfrage nach institutionellen Angeboten der Familienunterstützung steigt (s. u. a. Vossler 2005: 63). Dass Elternschaft keinen Ausbildungsvoraussetzungen unterliegt, ist jedoch auch eine „tief verwurzelte (...) Selbstverständlichkeit", deren Infragestellungen „mindestens auf Unverständnis stoßen, wenn nicht sogar auf erhebliche Abwehrreaktionen" (Scheile 1980: 12; s. Kap. 3.2).

Den gestiegenen Anforderungen als auch Ansprüchen an Erziehung folgend erhielt Familienbildung von staatlicher Seite vor knapp 15 Jahren auch eine rechtliche Grundlage. Was soll und kann nun diese Unterstützungsform leisten?

2.2 Aktuelle Aufgaben der Familienbildung und strukturelle Besonderheiten

Durch die Verankerung im Achten Sozialgesetzbuch wird Familienbildung offizieller Bestandteil der Jugendhilfe, daneben ist und bleibt sie traditioneller Bereich der Erwachsenenbildung. Diese doppelte Zuständigkeit bringt inhaltliche wie strukturelle Besonderheiten mit sich.

2.2.1 Die rechtliche Beauftragung der Familienbildung

Wie bereits kurz angerissen, wird in der bundesdeutschen Gesetzgebung Eltern das ‚Pflichtrecht' der Erziehung garantiert, aufgrund seiner Fürsorgepflicht für das Kindeswohl wacht der Staat über deren Gelingen.

Mit dem 1991 in Kraft getretenen neuen Achten Sozialgesetzbuch erhalten Eltern auch das Recht auf Unterstützung ihrer Erziehungstätigkeit. Neben verschiedenen konkreten Hilfen – geregelt in § 27 SGB VIII, wenn die Erziehung zum Wohl des Kindes nicht mehr gewährleistet werden kann – macht sich der Gesetzgeber auch die „Förderung der Erziehung in der Familie" (§§ 16-21 SGB VIII; s. BMFSFJ 2005b) zum Auftrag.

Speziell der § 16 umfasst eine *allgemeine* Förderung, indem allen Menschen, die an der Erziehung von Kindern beteiligt sind, Leistungen angeboten werden sollen, die sie befähigen, ihre Erziehungsverantwortung besser wahrzunehmen. Dazu gehört auch das Aufzeigen von Wegen, Konfliktsituationen in der Familie gewaltfrei lösen zu können. Dabei wird in die Teilbereiche von Familienbildung, Familienberatung[4] sowie Maßnahmen der Familienfreizeit und -erholung unterschieden (vgl. ebd.: 52; Anhang I). Spezifische Aufgabe der Familienbildung ist es, „auf Bedürfnisse und Interessen sowie auf Erfahrungen von Familien in unterschiedlichen Lebenslagen und Erziehungssituationen ein[zu]gehen, die Familien zur Mitarbeit in Einrichtungen und in Formen der Selbst- und Nachbarschaftshilfe besser [zu] befähigen sowie junge Menschen auf Ehe, Partnerschaft und das Zusammenleben mit Kindern vor[zu]bereiten" (ebd.).

Die Ausgestaltung dieser Förderung soll sich an verschiedenen Strukturmaximen und Leitkriterien orientieren (vgl. BMFSFJ 1990: 85; Oberndorfer/ Mengel 2004: 4):

---

4 Familienberatung wird von anderen Beratungsleistungen des KJHG (z. B. Erziehungsberatung) insofern abgegrenzt, als sie ganzheitlicher und mit niedrigeren Zugangsvoraussetzungen gestaltet sein soll (vgl. Bayerisches Landesjugendamt 1994: 17).

So unterstreicht das neue SGB VIII den Vorrang der *Prävention* vor der Intervention und verfolgt damit im Vergleich zum alten Jugendwohlfahrtsgesetz einen Perspektivwechsel. Familienbildung als präventives Angebot soll „vorausschauend Handlungssituationen bewältigen helfen" (Walter et al. 2000: 13) und setzt dabei auf die Unterstützung von Ressourcen und Selbsthilfestrategien. Neben der Förderung von Basiskompetenzen für das Leben in der Familie, wie beispielsweise Vorstellungen von Selbstwirksamkeit oder Strategien der Konfliktlösung, können Angebote auch im Vorfeld ‚natürlicher' familialer Entwicklungsphasen (z. B. Geburt, Einschulung, Pubertät) stattfinden (vgl. Oberndorfer/ Mengel 2004: 9).

Prävention wird jedoch auch als Unterstützung von Familien bei der Bewältigung von Problemen und kritischen Übergängen verstanden, indem Lernprozesse zur Weiterentwicklung begleitet und vermittelt werden sollen. Ein ressourcenorientiertes Vorgehen beinhaltet auf allen diesen Ebenen das gezielte Erschließen, Ausschöpfen, Schaffen und auch Erhalten von Zugängen zu Entwicklungsspielräumen sowohl in der materiellen und sozialen Umwelt als auch zu individuellen psychischen Potenzialen (vgl. Nestmann 2004: 728).

Weiterhin sollen sich Angebote am Kriterium der *Bedarfsgerechtigkeit* orientieren. Da sich Familienbildung prinzipiell an alle Personen richtet, die Erziehungstätigkeiten übernehmen, sind unterschiedlichen Lebens- und Bedarfslagen zu berücksichtigen. Als mögliche Kategorien werden aufgeführt (vgl. BMFSFJ 1996: 22-75; Walter 1998: 20):

- verschiedene Familienformen und Zielgruppen (z. B. Alleinerziehende, Stieffamilien, Väter)
- verschiedene Familienphasen (z. B. Übergang zur Elternschaft, Schuleintritt oder Pubertät der Kinder)
- verschiedene Aufgabenbereiche (z. B. Paarbeziehung, Erziehungstätigkeit, haushaltsbezogene Tätigkeit, soziale Integration)
- besondere familiale Lebenssituationen (z. B. Trennung und Scheidung) und Familien mit besonderen Belastungen (z. B. Armut, Arbeitslosigkeit, Behinderung oder Krankheit der Kinder).

Entsprechend ihrer *Alltagsorientierung* soll Familienbildung die Gesamtheit der familialen Lebenslage berücksichtigen, sich mit allen inneren und äußeren Bereichen und Problemlagen von Familie befassen und Eltern nicht nur in ihrer Erzieherrolle wahrnehmen (vgl. John 2003: 46).

Die Strukturmerkmale der *Integration* und der *Niedrigschwelligkeit* sollen den Zugang eines breiten Spektrums von Familien zur Familienbildung sicherstellen. Durch die methodische wie auch räumliche und strukturelle Einbettung in die unterschiedlichen Lebensumfelder von Familien (vgl. Tschöpe-Scheffler 2005b: 292) soll ein möglichst einfacher und barrierefreier Zugang gewährleistet werden. Es gilt ein Angebot zu entwickeln, „das sich grundsätzlich an alle Eltern richtet und möglichst viele erreicht" (Jugendministerkonferenz 2003: 3).

Damit wird die Bedeutung der Vielfalt von Familienbildung und ihre Funktion als „Querschnittsaufgabe" (Herre 2005: 58) unterstrichen sowie der Anspruch, „den § 16 KJHG nicht als Familienbildungsstätten-Gesetz zu verstehen, sondern als ein Gesetz, das Familienbildung einfordert" (Hebenstreit-Müller 2005: 32). Diese Verschiedenartigkeit bezieht sich auf Orte, Träger und Einrichtungen ebenso wie auf die Arbeitsformen, die sich aus Erwachsenenbildung, Erziehungsberatung, Arbeit mit Kindern und Jugendlichen, Familiengruppenarbeit, Stadtteil- und Gemeinwesenarbeit zusammensetzen (vgl. BMJFFG 1986: 31 f) und die „bis an die Grenzen von Therapie" reichen (Das Paritätische Bildungswerk 2003: 12).

Inhaltlich lässt sich Familienbildung als Verbindung von Wissen, Handeln, Reflexion und sozialem Lernen charakterisieren. Zum einen fokussiert sie auf die Erweiterung von Handlungsfähigkeit und Hilfe bei der Entwicklung der elterlichen Erziehungskompetenz. Sie soll „Gelegenheiten bieten, Erziehungsziele und -stile zu reflektieren, damit Eltern Verhaltenssicherheit gewinnen können" sowie „Alternativen für die Lebensführung als Orientierung zu vermitteln und Möglichkeiten der persönlichen Bewertung zu eröffnen, damit Familienmitglieder ihr Zusammenleben selbstverantwortet gestalten können" (BMFSFJ 1996: 15). Damit unterstützt sie auch bei der „Findung und Entwicklung der persönlichen und sozialen Identität" (Neumann 1995: 19).

Durch das gemeinsame Durchlaufen von Lernprozessen soll Familienselbsthilfe aktiviert werden: „Die individuelle Lebensphase soll (...) mit anderen ausgetauscht und reflektiert werden. Angebote der Familienbildung fördern daher soziales Lernen und das Erwerben von Wissen in der Gruppe. Sie bieten Platz, die eigenen Erfahrungen, Informationen und Impulse zu neuen Wegen und Ideen zu verbinden" (Das Paritätische Bildungswerk 2003: 12). Eine aktuelle Untersuchung zu Angeboten der Familienbildung ergab indes, dass auch in der Praxis konkreter Maßnahmen meist mehrere übergeordnete Ziele – im Hinblick auf die Förderung von Beziehung, Erziehung, Kommunikation und Alltagskompetenzen – erreicht werden wollen (Lösel 2006: 55 f).

Durch eine Auseinandersetzung mit den strukturellen Rahmenbedingungen von Familie ist zudem der Privatisierung von Problemen entgegen zu wirken (vgl. Pettinger/Rollik 2005: 15). Bildungsangebote beinhalten demnach nicht nur eine individuelle Dimension, sondern auch eine, die auf vermehrte gesellschaftliche Teilhabe zielt.

Familienbildung soll unabhängig von bereits aufgetretenen Schwierigkeiten in der Familie angeboten werden, sich jedoch auch an Eltern in problematischen Lebenssituationen wenden. Sie berührt damit die Schnittstelle zwischen Bildung und Jugendhilfe, zwischen Prävention und Intervention, und versteht sich als integratives Konzept. Doch ist dieser Anspruch nicht frei von inhaltlichen Widersprüchen, je nachdem, ob die Angebote unter andragogischer oder fürsorgerischer Perspektive betrachtet werden. Dies zeigt sich insbesondere im Hinblick auf benachteiligte Adressaten, die traditionell als Klientel der Fürsorge gelten.

2.2.2 Fokus Bildung oder Fürsorge?
Inhaltliche Unschärfen und Klärungsbedarfe

Versteht man Familienbildung als übergreifendes Konzept, das soziales Lernen von Familien fördern will, so sind dennoch bei der konkreten Ausrichtung und Gestaltung von Angeboten Präzisierungen und Differenzierungen nötig: Welcher Arbeitsansatz steht vor welchem Hintergrund und ist wann, warum und für welche Zielgruppe und Aufgabenstellung der jeweils angemessene?

Denn bei genauerer Betrachtung werden „Unverträglichkeiten und Distanzen zwischen Erwachsenenbildung und Jugendhilfe" (Walter 1998: 21) deutlich, die jedoch theoretisch kaum aufgearbeitet sind. Eine Auseinandersetzung ist aber nötig, um zu verhindern, „daß die den Beurteilungen zugrundeliegenden Normen unter der Hand bestimmen, warum eine Familienbildung überhaupt notwendig ist" (Scheile 1980: 55).

Vor dem Hintergrund des eingangs dargestellten Spannungsfeldes, in den Angeboten zwischen gesellschaftlichen Anforderungen und Interessen der Teilnehmenden vermitteln zu müssen, unterscheidet sich der pädagogische Arbeitsauftrag auch grundsätzlich dahingehend, ob er auf die freiwillige Bildung von Eltern als erwachsenen Lernern oder die Sicherung des Kindeswohls fokussiert.

Im Zentrum der Jugendhilfe, geschichtlich aus „Armenfürsorge" (Sachße 1996: 1) und „Nothilfe" (Liegle 1987: 320) entwachsen, steht neben der Unterstützung von Familien auch immer die Funktion von Kontrolle und Eingriff, um eine Gefährdung des Kindeswohls abzuwenden. In aller Regel stehen dabei kumulierte Problemlagen, die intervenierendes Handeln erforderlich machen, und ein defizitorientierter Blick auf die Klientel im Vordergrund. Nicht zuletzt das neue Kinder- und Jugendhilfegesetz (vgl. Kap. 2.2.1) zeugt von einem Umdenken „vom Eingriff zur Leistung" (Trenczek 2002: 1) durch Betonung der präventiven vor reaktiven Maßnahmen. Doch ist das Feld der Jugendhilfe und der Sozialarbeit auch heute noch vom Spagat zwischen den unterschiedlichen Zielsetzungen aus Förderung und Kontrolle geprägt. Der „Widerspruch von sozialem Anspruch und Sozialdisziplinierung verlagert sich, er hebt sich aber nicht auf" (BMFSFJ 1990: 77).

Auch Familienbildung soll entsprechend ihrem übergreifenden und integrierenden Anspruch „gleichzeitig erwachsenenpädagogische Aufgaben und sozialpädagogische Funktionen wahrnehmen" (Schleicher zit. n. Schymroch 1989: 82). Einzelne Autor(inn)en unterscheiden hier zwischen einer eher fürsorgerischen oder eher erwachsenenbildnerischen Perspektive der Familienbildung. Im Zentrum Ersterer steht das Kindeswohl, sie besitzt demnach mehr kurativen und eingreifenden Charakter. Zweitere zielt vor allem auf die Auseinandersetzung mit der Elternrolle und auf Elternkompetenzen unter präventiven Vorzeichen (s. z. B. Bayerisches Landesjugendamt 1994: 20; Schymroch 1989: 82; Sgolik 2000: 201).

Bei der Auswahl der Schwerpunktsetzung käme es dann entsprechend dieser Lesart auf das Ausmaß der Belastungen und Einschränkungen der einzelnen Familie an. Dennoch bleiben einige Fragen offen, z. B. in welchem Verhältnis sich diese Perspektiven bei der Konzipierung eines konkreten Angebots befinden und welche Kriterien für die Entscheidung in die eine oder andere Richtung gelten. Es ist auch zu klären, wie innerhalb einer solchen Aufteilung präventives und ressourcenorientiertes Arbeiten mit benachteiligten Adressaten grundsätzlich zu beurteilen ist und wie dabei der Verschiedenartigkeit benachteiligter Lebenslagen samt ihrer Konsequenzen für Erziehung und Alltagsbewältigung Rechnung getragen werden kann (vgl. Kap. 3.1).

Vor allem sind jedoch Unterschiede im Machtgefälle zwischen Mitarbeiter(inne)n und Teilnehmenden, die jeweils aus einer fürsorgerischen oder erwachsenenbildnerischen Position entstehen, zu reflektieren. Dabei ist auch zu bedenken, wie eine ‚Mischung' oder ‚Trennung' der beiden Perspektiven für die Eltern transparent gestaltet werden kann, um Unsicherheiten, Vorbehalten, Ängsten und damit auch Distanzen im Hinblick auf die Funktion eines konkreten Angebots der Familienbildung zu begegnen. So berichteten beispielsweise Mitarbeiter(innen) des Jugendamtes innerhalb eines familienbildenden Projektes von erheblichen Schwierigkeiten, die sich aus der eigenen Rolle (‚zwischen Dienstleistung und Wächteramt') und der daraus resultierenden indifferenten Wahrnehmung seitens der Eltern (‚die denken immer gleich, wir wollen ihre Kinder mitnehmen' oder ‚die Angst, sie gehen als Kunde rein und kommen als Klient wieder raus') ergeben (vgl. Mengel/Oberndorfer/Rupp 2006: 29).

Die Fragestellung des inhaltlichen Verhältnisses von Jugendhilfe und Erwachsenenbildung bedarf demnach unbedingt einer weiterführenden theoretischen wie praktischen Klärung. Bislang existieren keine konsensfähige Theorie und für die Praxis keine trennscharfen Kriterien für eine systematische Unterscheidung. An dieser Stelle soll lediglich auf die pädagogische Diskussion zur

Entgrenzung von Bildung, Beratung, Therapie und Sozialarbeit verwiesen werden, wie sie vor allem im Kontext der Zielgruppenarbeit mit benachteiligten Adressaten aufgearbeitet wurde (s. auch Kap. 3.4).

Aufgrund der Erfahrung, dass sich existenzielle Probleme des Lebens nicht trennscharf in typisch sozialpädagogische, therapeutische oder erwachsenenbildnerische Lerngegenstände einstufen lassen, wurde bereits hier die Thematik der Übergänge und Zuständigkeiten zwischen diesen institutionalisierten Problemlösemustern und Hilfeformen aufgegriffen (vgl. Thiel 1984: 44). Auch innerhalb familienbildender Angebote, wie z. B. Kursen oder Gruppen zu Erziehungsproblemen, kommt es häufig zu derartigen Überschneidungen. Gerade im Hinblick auf benachteiligte Adressaten werden vermehrt integrative Konzepte gefordert, wie beispielsweise der Ansatz der „Sozialarbeitsorientierten Erwachsenenbildung" (Miller 2003) oder einer strategischen „Allianz für`s Lernen" (Loibl 2005) zwischen Erwachsenenbildung und Sozialarbeit. Diese werden als Antwort auf die wachsende Komplexität von Problemlagen verstanden und sollen dazu beitragen, die Zugangsschwellen in ein sehr ausdifferenziertes, jedoch damit auch sehr unübersichtliches Hilfesystem niedrig zu halten. Gleichzeitig erfordern integrative Konzepte die Entwicklung einer spezifischen Professionalität, in der das Bewusstsein über Reichweite und Grenzen der eigenen Kompetenz als Familienbildner(in) und Sensibilität für die Gratwanderung zwischen verschiedenen pädagogischen Zielsetzungen enthalten ist (vgl. Thiel 1984: 45).

Deutliche Unterschiede betreffen das Verhältnis zwischen Mitarbeiter(inne)n und Teilnehmenden. So grenzt Schäffter die soziale Handlungsform ‚Lehren' ab vom ‚Helfen' (im Sinne der Fürsorge bei Überforderung) und ‚Heilen' (als therapeutisch ausgerichtete Intervention). Während ‚Helfen' und ‚Heilen' nicht auf die bewusste Aufklärung des Lernvorganges selbst setzen, bezieht ‚Lehren' im Sinne von Erwachsenenbildung explizit die verschiedenen Möglichkeiten im Umgang mit dem Lerngegenstand ein – sowohl diesen aufzunehmen als auch zurückzuweisen. ‚Lehren' zeichnet sich demnach durch den größeren Entscheidungsspielraum der Lernenden aus, sich ihre eigenen Lernprozesse verfügbar machen zu können (vgl. Schäffter 1997: 706). Zwar lassen sich diese unterschiedlichen Formen des Lernens kombinieren, das Spezifische an der Erwachsenenbildung ist jedoch, dass sie den Subjektstatus der Teilnehmenden und deren Verantwortung betont (s. auch Kap. 4.1). Neue Fortbildungskonzepte definieren dementsprechend die Zielvorstellung von Familienbildung als „Organisation" und „Initiierung von Selbstlernprozessen" mit entsprechenden Konsequenzen für die Rolle der Familienbildner(innen): „Sie sind in zunehmenden Maße nicht nur ‚Lehrende' im Lernprozess, sondern begleiten ihre TeilnehmerInnen auf dem Wege, die für ihre eigenen Konflikte und Probleme angemessenen Lösungen selber zu finden und zu erproben (Brixius/Koerner/Piltman 1999: 11).

Eine solche Professionalisierung von Familienbildung erfordert nicht nur die vermehrte eigene inhaltliche Positionsbestimmung, sondern auch eine stärkere Auseinandersetzung mit didaktisch-methodischen Fragestellungen als dies zum aktuellen Zeitpunkt erkennbar ist. Entsprechend wird das geringe „systematische, über Erfahrungsberichte hinausgehende Wissen" und Fehlen einer professionsspezifischen „fachlichen Mitte" kritisiert (Fuchs 2005: 2 f). Eine theoretische wie praktische Fundierung erscheint zudem notwendig, um unrealistischen Erwartungen sowohl von Seiten der Teilnehmenden als auch der Öffentlichkeit im Hinblick auf die eigene Leistung vorzubeugen. Schäffter bezeichnet diese pädagogische Kompetenz pointiert als „intelligente Selbstbeschränkung" (1997: 692).

Die aufgeführten Unschärfen und Widersprüchlichkeiten bei inhaltlichen Fragestellungen finden jedoch auch ihren Niederschlag auf der strukturellen Ebene von Familienbildung, beispielsweise in Bezug auf die rechtliche Zuordnung der Familienbildung.

2.2.3 Formale Zuständigkeit von Jugendhilfe und Erwachsenenbildung

Familienbildung ist zum einen eine Leistung der Jugendhilfe, zuständig sind die örtlichen Jugendämter sowie – subsidiaritätsbedingt – freie Träger. Die gesetzliche Verankerung im SGB VIII erfolgte auch, um ihr eine „gewisse Rechtssicherheit" (Pettinger/Rollik 2005: 8) zu verleihen. Dennoch ist die Finanzierung von Leistungen nach § 16 von strukturellen Problemen gekennzeichnet:

Die konkrete Umsetzung der Leistungen wird aufgrund des Länderrechtsvorbehalts (vgl. § 16 (3) SGB VIII, s. Anhang I) in je spezifischen Ausführungsbestimmungen festgelegt. Bayern hat beispielsweise als eines der wenigen Bundesländer bislang auf eine eigene Ausfertigung verzichtet. Dies hat zur Konsequenz, „dass die Förderung der Familienbildung weder einheitlich noch eindeutig geregelt ist" (Pettinger/Rollik 2005: 9). In den meisten bestehenden Länderregelungen ist die Förderung von Maßnahmen an die Verfügbarkeit kommunaler Haushaltsmittel gekoppelt (vgl. John 2003: 32 ff), was sie demzufolge abhängig von den jährlich stattfindenden Etatverhandlungen macht. Den Einrichtungen wird somit keine längerfristige finanzielle Planungssicherheit gewährt, was der Organisation langfristiger Lernprozesse – sowohl auf Einrichtungs- als auch auf Adressatenebene – diametral entgegen steht (vgl. BMFSFJ 1996: 121).

Erschwerend kommt hinzu, dass § 16 SGB VIII als Soll-Bestimmung formuliert ist. Im Regelfall[5] besteht also eine Gewährleistungspflicht für die Jugendämter, im Rahmen der Jugendhilfeplanung ein angemessenes familienbildendes Angebot vorzuhalten. Dennoch scheinen entsprechende Leistungen „eine geringere Verbindlichkeit für die öffentliche Jugendhilfe als andere Jugendhilfebereiche zu haben" (Bierschock 1998: 60) und werden in Anbetracht der angespannten kommunalen Haushalte sehr zögerlich bezuschusst – vom „marginalen Status" (Pettinger 2005: 18) der Familienbildung ist die Rede. Darüber hinaus besteht auch bei der kommunalen Steuerung und Angebotsplanung der Familienbildung erheblicher Entwicklungsbedarf (vgl. Borchers 2004: 3).

Zum anderen ist Familienbildung Bestandteil der Erwachsenenbildung und wird über die entsprechenden Weiterbildungsgesetze der Länder gefördert. Eine gleichzeitige Finanzierung familienbildender Angebote aus Mitteln der Jugendhilfe und der EB/WB ist meist ausgeschlossen, da Träger der Jugendhilfe nicht gleichzeitig Träger der Erwachsenenbildung sein können (z. B. Art. 3 Abs. 2 EbFöG, s. Anhang II). Auch die Finanzierung aus Landesmitteln ist in aller Regel von jährlichen Haushaltsbeschlüssen abhängig, im Vergleich zur meist punktuellen kommunalen Förderung von Familienbildung gelten Landeszuschüsse jedoch (noch) als stabilere und sicherere Finanzierungsgrundlage.

Eine Orientierung an den Förderkriterien der Erwachsenenbildung erscheint für Einrichtungen der Familienbildung vor diesem Hintergrund rational (vgl. Fuchs 2005: 2), obgleich damit auch Nachteile verbunden sind. So folgt die Finanzierung nach den Erwachsenenbildungsgesetzen dem quantitativen Merkmal der Doppelstunden-Teilnehmerzahl, das sich an der klassischen Angebotsform des Kurses orientiert. Für die Ausgestaltung familienbildender Maßnahmen kann sich dies als dysfunktional erweisen, da sich ihr spezifischer Bedarf – z. B. geringe Gruppengrößen, begleitende Kinderbetreuung, Integration von Kindern ins Angebot oder offene Veranstaltungsformen – mit dieser Finanzierungsart nur schwer abdecken lässt. Gleiches gilt für den Arbeitsaufwand, der für eine vermehrte Sozialraumorientierung und Vernetzung mit anderen Institutionen nötig ist (vgl. Bierschock 1998: 62), um niedrigschwellige Zugänge zu gestalten. Entsprechende Qualifizierungsmaßnahmen des Personals, mit den widersprüchlichen Anforderungen unterschiedlicher Förderquellen von Familienbildung umzugehen, werden ebenfalls aufgrund mangelnder finanzieller und zeitlicher Kapazitäten kritisch eingeschätzt (vgl. Landesinstitut für Schule und Weiterbildung 2001: 47).

---

5 Dies bedeutet, dass Ausnahmen von dieser Regel zwingend begründet werden müssen. Kommunale Finanzknappheit ist nicht zu den Ausnahmefällen zu rechnen (vgl. Textor 1996, 22).

Allein die Finanzierung von Angeboten der Familienbildung erscheint demnach bereits problematisch. Die doppelte Zuständigkeit von Jugendhilfe und Erwachsenenbildung bedeutet zudem, dass auf Länderebene zwei unterschiedliche Ministerien – sowohl das Sozial- als auch das Kultusministerium – verantwortlich sind. Insgesamt erstreckt sich die Zuständigkeit auf Bund, Land und Kommune, was oft wechselseitige Verantwortungszuweisungen nach sich zieht (vgl. Pettinger/Rollik 2005: 4).

Diese strukturellen Probleme haben auch Konsequenzen für die inhaltliche Weiterentwicklung: „Diese auf den ersten Blick etwas unübersichtliche rechtssystematische und ordnungspolitische Zuordnung der Familienbildung könnte auch ein Indiz dafür sein, dass die Identität der Familienbildung, ihr Profil und ihre Ein- und Rückbindung für Außenstehende eher uneindeutig erscheint (...). Oder anders formuliert: Ihre Doppelidentität, sowohl ein Teil der Kinder- und Jugendhilfe als auch der Erwachsenen- und Weiterbildung zu sein, kann sich im Umkehrschluss auch als eine Art halbierte Identität entpuppen: nicht richtig Kinder- und Jugendhilfe und auch nicht richtig Erwachsenenbildung zu sein" (Rauschenbach 2005: 11 f).

2.3 Die institutionelle Realität

Familienbildung ist ein inhaltlich wie strukturell komplexes und teilweise widersprüchliches Konstrukt. Zudem werden den hohen gesellschaftlichen Anforderungen nur vergleichsweise geringe und meist wenig nachhaltige Mittel zur Verfügung gestellt. Wie spiegelt sich dies nun in der konkreten Umsetzung von Familienbildung in den Einrichtungen und bei der Integration benachteiligter Familien wieder?

2.3.1 Trägerlandschaft und Formen

Gegenwärtig zeichnet sich die institutionelle Landschaft der Familien- und Elternbildung durch große Heterogenität aus. Neben den klassischen, auf Familienbildung spezialisierten Einrichtungen, existieren eine ganze Reihe anderer Institutionen, die im Kontext des eigenen Angebots entsprechende Veranstaltungen vorhalten. Hinzu kommen Einrichtungen, die aus der Selbsthilfebewegung entstanden sind, wie Mütterzentren oder Selbsthilfeverbände (z. B. von Alleinerziehenden oder Stieffamilien).

Die Einrichtungen unterscheiden sich nicht nur in ihrer weltanschaulichen und konzeptionellen Ausrichtung, sondern auch im Grad der Spezialisierung auf familienbildende Angebote. Insgesamt ist kein einheitliches übergeordnetes Konzept der institutionellen Familienbildung erkennbar, denn „es ist im wesentlichen der Einzugsbereich der jeweiligen Einrichtung, der neben dem Auftrag des Trägers das inhaltliche Angebot sowie die erreichten Zielgruppen charakterisiert" (Schymroch 1998: 98).

Träger und Einrichtungen der Familienbildung		
Erwachsenenbildungseinrichtungen	**Spezialisierte Einrichtungen: Familienbildungsstätten**	**Träger, die u. a. Familienbildung anbieten**
<ul><li>Volkshochschulen</li><li>konfessionelle Einrichtungen, z.B. Kolping-Werk</li><li>gewerkschaftsorientierte Einrichtungen, z.B. DAA</li><li>ländliche Einrichtungen, z.B. Verband Katholischer Landfrauen</li></ul>	Überwiegend in drei bundesweiten Verbänden organisiert:<ul><li>BAG Familienbildung & Beratung (ehemals AGEF)</li><li>Bundesarbeitsgemeinschaft Evangelischer Familienbildungsstätten e.V.</li><li>Bundesarbeitsgemeinschaft Katholischer Familienbildungsstätten e.V.</li></ul>	<ul><li>Einrichtungen der Wohlfahrtspflege, Vereine, Verbände, z.B. Deutscher Kinderschutzbund</li><li>Seelsorgeeinrichtungen, z.B. Pfarrgemeinden</li><li>Kinder- und Jugendarbeit/-hilfe, z.B. Kindertagesstätten</li><li>Beratungsstellen, Einrichtungen der Gesundheitshilfe, z.B. Hebammenpraxen</li></ul>
Nicht bzw. geringer institutionalisierte Formen		
Mediale Angebote		**Selbsthilfeorientierte Angebote**
<ul><li>Elternbriefe</li><li>Fernsehsendungen</li><li>Internetangebote</li><li>Ratgeberliteratur zu Erziehungsthemen</li></ul>		<ul><li>Mütterzentren, Familien- und Nachbarschaftszentren</li><li>selbstorganisierte Gruppen (Kindergruppen und Elterninitiativen)</li><li>familienbezogene Selbsthilfegruppen</li></ul>

Abb. 1: Institutionelle Landschaft der Familienbildung in Deutschland
Quelle: Eigene Zusammenstellung auf Grundlage v. Walter 1998: 14 f u. 2000: 14 f; Schiersmann 2001a: 191; John 2003: 8.

Die von und in Einrichtungen durchgeführten Angebote sind beispielsweise Kurse, Gruppen und Informationsveranstaltungen, die zumeist in einer Komm-Struktur umgesetzt werden. Sie können jedoch auch in Kooperation mit anderen

Einrichtungen in einer Geh-Struktur bzw. in Kombination beider Zugangsweisen erfolgen (vgl. Oberndorfer 2003: 54 ff).

Zu den nicht institutionalisierten Formen gehört die mediale Familienbildung, bei der „allgemeine Informationen an relativ breite Bevölkerungsschichten weitergegeben werden, die diese dann individuell rezipieren können" (Walter 1998: 14 f). Die geringfügig institutionalisierte selbsthilfeorientierte Familienbildung wird auch als funktionale oder informelle Familienbildung bezeichnet. Während die funktionale sich auf die Förderung der Mitwirkung von Eltern in Kindertageseinrichtungen oder Schulen bezieht, betont die informelle[6] den Aspekt der „praktischen Lebenshilfe durch gegenseitige Hilfestellung im Familienalltag" (Bayerisches Landesjugendamt 1994: 41), wie sie beispielsweise in Nachbarschafts- und Selbsthilfegruppen geschieht.

Insgesamt ist die Landschaft der Familienbildung sehr ausdifferenziert. Dies birgt einerseits Chancen, indem ein vielfältiges Repertoire in Form und Inhalt für unterschiedlichste Familienbedarfe angeboten werden kann. Gleichzeitig besteht die Gefahr der Zersplitterung, die sich in „fehlenden Ordnungsmerkmalen" (Sgolik 2000: 9) und Unklarheiten der inhaltlichen Zuordnung zeigt, was auch zur Unübersichtlichkeit der Angebote und somit neuen Zugangsschwellen führen kann (vgl. Bayerisches Landesjugendamt 1994: 3).

In einer als „extrem desolat" bezeichneten Datenlage (Schiersmann 2001: 193) lieferte die Institutionenanalyse von Schiersmann, Thiel, Fuchs und Pfinzenmeier (1998) erstmals bundesweite empirische Ergebnisse zur Familienbildung. Befragt wurden Mitarbeiter(innen) der Einrichtungen, Teilnehmende und auch Expert(inn)en aus angrenzenden Arbeitsfeldern. Die Studie bot einen bis dahin einzigartigen Überblick über den Stand der Entwicklungen in der Familienbildung.

Aktuelle Daten finden sich in der bundesweiten Bestandsaufnahme zur Eltern- und Familienbildung (Lösel 2006). Diese unterscheidet sich in einigen Punkten von der vorangegangenen Untersuchung: Während Schiersmann et al. (1998) primär Familienbildungseinrichtungen im engeren Sinne (s. Abb. 1) in den Blick nimmt, berücksichtigt Lösel ein breiteres Spektrum unterschiedlicher Institutionen, wie beispielsweise auch Erwachsenenbildungsstätten, Beratungsstellen oder im Bereich der Seelsorge. Bei der Analyse des Angebots verhält es sich umgekehrt: Hier bezieht die ältere Untersuchung alle Angebote der Familienbildungseinrichtungen, wie z. B. im beruflichen Sektor, mit ein und verwendet damit einen inhaltlich-thematisch weiten Begriff. Die neuere Studie fokussiert hingegen auf eine engere Definition von Familienbildung als präventive

---

6 Eine Ausnahme bildet Minsel, diese setzt informelle Familienbildung mit medialer gleich (vgl. Minsel 2005: 603).

Maßnahmen zur Förderung von Erziehungskompetenzen (vgl. Lösel 2006, 23 f). Ein direkter Vergleich, der exakte Aussagen zu den Veränderungen in der letzten Zeit zulässt, ist aufgrund der unterschiedlichen Kategorisierungen leider nicht möglich. Dennoch lassen sich aus der Zusammenschau Entwicklungstendenzen der Familienbildung in den letzten knapp zehn Jahren herauslesen. Zudem wird in der Erhebung von Lösel (2006) das Angebot nicht aus Perspektive der Teilnehmenden erfasst, weshalb im Folgenden Ergebnisse beider Untersuchungen dargestellt werden. Sofern dies möglich ist, werden die Daten anhand aktueller regionaler Erhebungen (Walter et al. 2000; John 2003) ergänzt. Auf Angaben zur Ziel- und Nutzergruppe sozial benachteiligter Eltern wird dabei besonders eingegangen.

2.3.2 Angebote und Nutzung der Einrichtungen

Insgesamt können aufgrund der großen Träger- und Anbieterpluralität aktuell keine sicheren Angaben zum Umfang familienbildender Angebote gemacht werden, hier existieren sehr unterschiedliche Zahlen (vgl. Fuchs 2005: 3 f). Die Untersuchung von Lösel kommt für das Jahr 2004 auf eine hochgerechnete Gesamtquote von ca. 197.000 Maßnahmen, die sich direkt an Erziehende wenden (vgl. Lösel 2006: 149) und deren Hauptträger die Familienbildungsstätten sind (ebd.: 7).

2.3.2.1 Formen, Themen und Zielgruppen der Angebote

Die meisten Angebote finden in kursartig organisierter *Form* statt, die in der Durchführung gering vorstrukturiert und eher situationsorientiert gestaltet sind (vgl. Lösel 2006: 64). Ein Teil der Einrichtungen ergänzt diese mit Beratungs- oder offenen Angeboten, z. T. auch mit Selbsthilfegruppen, Kinderbetreuung oder sozialen Dienstleistungen (vgl. John 2003: 138 f).

Innerhalb des *thematischen* Angebotsspektrums nahmen und nehmen die Eltern-Kind-Gruppen (Spielgruppen, Treffs, Mini-Clubs o.ä.) mit Abstand den größten Stellenwert ein: In der älteren Untersuchung boten 94% aller Einrichtungen diese in einem vergleichsweise hohen Ausmaß an. Weit verbreitet, jedoch mit sehr unterschiedlichem Stundenumfang, waren darüber hinaus Themen der Gesundheitsbildung, kreatives, musisches und textiles Gestalten, Pädagogik und Erziehung, Geburtsvor- und Nachbereitung, Hauswirtschaft und Ernährung sowie zum ‚Leben in der Familie' (Schiersmann et al. 1998: 35). Knapp die

Hälfte der Einrichtungen hielt Angebote der beruflichen Bildung vor[7], ihr Umfang war jedoch gering und neben dem Nachholen von Schulabschlüssen wurden hierunter häufig auch Fortbildungen für pädagogische Berufe subsumiert (vgl. ebd.: 61). Auch in der aktuellen Bestandaufnahme überwiegen die Eltern-Kind-Gruppen im Angebot der verschiedenen Einrichtungen und machen insgesamt ungefähr die Hälfte der Maßnahmen aus (vgl. Lösel 2006: 39). Sie bilden somit den Kernbereich des Angebots, was mit der deutlich angestiegenen Nachfrage und einem wachsenden Orientierungsbedarf junger Eltern bei gleichzeitigem Fehlen sozialer Räume begründet wird (vgl. Schiersmann et al. 1998: 41).

Im Hinblick auf die *Zielgruppen* spezialisierten sich die Einrichtungen zunehmend auf die frühe Familienphase, Mütter und Väter im Übergang zur Elternschaft sowie mit Kleinkindern werden in der Untersuchung von 1998 auch „als *die* zentrale Zielgruppe von Familienbildung" bezeichnet (ebd.: 76). Dennoch wird auch noch im Jahr 2004 von allen Einrichtungstypen der größte Mehrbedarf im Angebot für junge Familien verortet (vgl. Lösel 2006: 43). Zunehmend werden neben Angeboten für die traditionelle Kleinfamilie Alleinerziehende angesprochen und auch erreicht. Die Einrichtungen weisen jedoch darauf hin, dass die Akzeptanz von explizit für Einelternfamilien ausgewiesenen Angeboten eher gering ist, so dass vermehrt zielgruppenspezifische Aspekte in allgemeine Veranstaltungen aufgenommen werden (vgl. Schiersmann et al. 1998: 85; Kap. 3.4). Ebenso werden Menschen mit Migrationshintergrund verstärkt als bedeutende Zielgruppe – insbesondere von den Familienbildungsstätten – angeführt (vgl. John 2003: 135; Lösel 2006: 45). Dies deckt sich mit den Ergebnissen der Befragung bayerischer Familienbildungsstätten: Unter Angeboten für benachteiligte Adressaten werden hier überwiegend die Gruppen der Migrant(inn)en und der Alleinerziehenden subsumiert (vgl. Kap. 2.4).

Richten sich in den 1990er Jahren Programminhalte an Familien in besonderen Lebens- oder Belastungssituationen, so waren dies bei ca. 40% der Anbieter ‚Familien in Trennung' und ‚Berufsrückkehrerinnen'. Benachteiligte Adressatengruppen, wie ‚Arbeitslose' und ‚Familien mit finanziellen Problemen', wurden jeweils von nur knapp über 20% der Einrichtungen angesprochen, ‚Sozialhilfeempfänger(innen)' lagen hier bei 15% (vgl. Schiersmann et al. 1998: 86). Die Befunde einer späteren regionalen Erhebung gehen von einer minimalen Steigerungsrate von Angeboten für benachteiligte Adressaten aus, mehr als ein Viertel der Einrichtungen gibt an, entsprechende Inhalte vorzuhalten (vgl. John 2003: 135). In beiden Untersuchungen lässt die Nennungshäufigkeit jedoch keine Rückschlüsse auf den Umfang dieser Angebote zu. Aufgrund der mittelschichtdominierten Teilnehmerstruktur (s. u.) erscheint es daher wahr-

---

7 In der Untersuchung von Lösel (2006) sind diese Angebote nicht ausgewiesen.

scheinlich, dass Angebote für Benachteiligte eher eine punktuelle Ausnahme im regulären Programm der Familienbildung darstellen. Im Jahr 2004 liegt der Anteil der gezielten Maßnahmen für Zielgruppen mit besonderen Belastungen bei 25% – hiervon richtet sich wiederum etwas mehr als ein Drittel an „sozial schwache Familien" (vgl. Lösel 2006, 85). Hinweise auf eine Ausweitung des Angebots für die Zielgruppe der benachteiligten Familien lassen sich vor diesem Hintergrund nicht feststellen.

2.3.2.2 Nutzer(innen) und Nutzungsmotive

Nach wie vor lässt sich pointiert der/die typische Teilnehmende eines familienbildenden Angebots als weiblich, im Alter von 25 bis 35 Jahren, verheiratet, mit Kind bzw. Kindern unter 3 Jahren sowie mit einem mittleren Bildungsabschluss und einem charakteristischen ‚Frauenberuf' beschreiben (vgl. Schiersmann et al. 1998: 109 ff; Lösel 2006: 79). Der Anteil der Männer steigerte sich seit den 1990er Jahren von lediglich 7% auf im Mittel 17% der Nutzer(innen) (vgl. Lösel 2006: 9).

Beim Bildungsstand sind niedrigere Schulabschlüsse stark unterrepräsentiert – mit abnehmender Tendenz: Bereits die ältere Untersuchung weist hier lediglich einen Anteil von einem Fünftel aus (vgl. Schiersmann et al. 1998: 111 ff), während aktuell nur noch von durchschnittlich 15% der Teilnehmenden aus unteren sozialen Schichten ausgegangen wird (bei Familienbildungsstätten sogar unter 10%) (vgl. Lösel 2006, 81 f u. 159).

Die Motive für eine Teilnahme sind überwiegend sozialer Natur – vorrangig im Hinblick auf Kontakte zu anderen Kindern, aber auch zu anderen Erwachsenen. Darüber hinaus spielt das Interesse an Bildung zu speziellen Themen eine bedeutende Rolle. Ein kleinerer Teil der Nutzer(innen) erhofft sich alltägliche Fertigkeiten und nur sehr wenige geben hier Rat für aktuelle Probleme oder in Erziehungsfragen an (vgl. Schiersmann et al. 1998: 115). Auch die Bewertung des tatsächlichen Nutzens, den die Teilnehmenden aus den Angeboten ziehen, entspricht in hohem Maße den geäußerten Bedürfnissen, weshalb die Besucher(innen) als „überwiegend Stammpublikum" beschrieben werden (ebd.: 117). Besonders auffällig ist, dass die Teilnehmenden im Hinblick auf das Image insgesamt eine „außerordentlich hohe positive Einschätzung" abgaben, was auf eine „hohe Akzeptanz" (ebd.: 296) der Einrichtungen bei ihren Besucher(inne)n hinweist.

Zusammenfassend lässt sich demnach sagen: Die Hauptnutzer(innen) familienbildender Angebote erscheinen in ihrer Zusammensetzung als relativ homogene bildungsgewohnte Gruppe mit großen Ähnlichkeiten in der Lebenssituation und in den Teilnahmemotiven. Auch entspricht der Nutzen aus den Angeboten weitgehend den Bedarfen – Familienbildung in ihrer aktuellen Form erscheint für viele Mütter aus der Mittelschicht als ein sehr passgenaues Angebot. Benachteiligte und bildungsungewohnte Adressaten werden nur in geringem Maße angesprochen und nehmen dementsprechend auch nur in geringem Umfang teil.

2.3.2.3 Planung und Innovation

Bereits in den 1990er Jahren gab ein kleinerer Teil der Einrichtungen an, zukünftig neue Zielgruppen ansprechen zu wollen. Hiervon entfiel jedoch nur ein geringer Prozentsatz (6% bzw. 7%) auf den Ausbau von Veranstaltungen mit Bezug auf finanzielle Schwierigkeiten bzw. Erwerbslosigkeit[8] (vgl. Schiersmann et al. 1998: 88). Die Frage nach diesbezüglichem Innovationsbedarf wurde ambivalent beantwortet. So charakterisierten in der Selbsteinschätzung die Mitarbeiter(innen) das eigene Angebot aufgrund seiner Alltagsbezogenheit und Erfahrungsorientierung als prinzipiell niedrigschwellig und auch vielfältig. Eine weitere Öffnung wurde von ihnen zwar für notwendig erachtet (vgl. ebd.: 301), jedoch als nicht widerspruchsfrei zu einer ebenfalls nötigen Konturierung und Profilierung des Angebots gesehen, um den eigenen Auftrag für die Außenwelt (potenzielle Teilnehmende und andere Institutionen) deutlicher zu machen (vgl. ebd.: 302). Veränderungsbedarfe in Hinblick auf eine vermehrte Integration benachteiligter Familien wurden damals eher von externen Institutionen, hier allen voran Jugendämter und Beratungseinrichtungen, angeführt (vgl. ebd.: 316).

Diese Befunde lassen auf eine Diskrepanz zwischen der Innen- und Außenperspektive von Einrichtungen der Familienbildung schließen und auch auf eine inhaltliche Unschärfe, was und für wen Familienbildung ‚eigentlich' ist. Hier spiegelt sich die bereits in der theoretischen Aufarbeitung (vgl. Kap. 2.2.2) sichtbar gewordene Unschärfe zwischen Bildungsangebot und sozialer Arbeit/Fürsorge wieder, die sich insbesondere im Hinblick auf benachteiligte Adressaten zeigt. Untermauert wird dies durch eine Untersuchung zu Fortbildungsinhalten in der Familienbildung: Bei den befragten Mitarbeiter(inne)n „zeichnete sich auch eine gewisse Unsicherheit in der Frage nach dem eigenen Wirkungsbereich und der Abgrenzung zu anderen Formen der Unterstützung, Begleitung und Beratung von Familien ab. Dies trägt offensichtlich zur Vermei-

---

8   Zum Vergleich: Die neue Zielgruppe ‚Menschen, die aus dem Erwerbsleben ausscheiden wollen' i. S. einer vermehrten Berücksichtigung älterer Menschen nannten immerhin 17% der innovationsfreudigen Einrichtungen (vgl. Schiersmann et al. 1998: 88).

dung bestimmter Inhalte in Fortbildungskonzepten und damit in der Kurspraxis bei. (...). ‚Schwierige Themen und Teilnehmer' wurden lieber in einen therapeutischen Kontext verbannt" (Brixius et al. 1999: 36 f). In Anbetracht der notwendigen fachlichen Auseinandersetzung mit inhaltlichen Überlappungen und entsprechender Professionalisierung ist dieser Umstand kritisch zu werten. Innovationsbestreben im Hinblick auf eine gezielte Integration benachteiligter Adressatengruppen wurde zum damaligen Zeitpunkt nur in geringem Ausmaß erkennbar. Aufgrund der bestehenden großen Kongruenz von Angebot und Nachfrage existierte darüber hinaus auch wenig Grund für die Einrichtungen, ihr Angebot zu verändern.

Diese Entwicklung scheint sich in der Breite des Angebots durch den tatsächlichen Rückgang der Maßnahmen für benachteiligte Adressaten zu bestätigen (vgl. Kap. 2.3.2.2). Es erscheint deshalb konsequent, dass aktuell im Hinblick auf eine vermehrte Öffnung für Familien in prekären Lebenslagen wieder ein Mehrbedarf an Angeboten für „sozial schwache Familien" formuliert wird. Einschränkend ist jedoch zu sagen, dass dem Ausbau allgemeiner Prävention vor allem für junge Eltern dabei mehr Priorität eingeräumt wird (vgl. Lösel 2006: 44). Ein wesentliches Problem der Angebotsgestaltung für benachteiligte Adressaten scheint dabei in den mangelnden finanziellen Ressourcen der Einrichtungen zu bestehen.

2.3.3 Finanzielle und personelle Ausstattung

2.3.3.1 Finanzierungsquellen und -strategien

Die Finanzierung der verschiedenen Einrichtungen, die familienbildende Angebote vorhalten, ist aufgrund der vielfältigen Förderstrukturen sehr heterogen (vgl. Kap. 2.2.3). Die wichtigsten Einnahmequellen sind – je nach Art der Institution – Teilnahmebeiträge, Zuschüsse durch die jeweiligen Träger, Landesmittel und die Förderung durch Kommune bzw. Kreis (letztere zum einen auf Grundlage des SGB VIII, zum anderen als freiwillige, d.h. jederzeit kürzbare Zuschüsse[9]) (vgl. Schiersmann et al. 1998: 401 ff).

Bereits in den 1990er Jahren berichteten die Einrichtungen von einschneidenden Veränderungen durch einen allgemeinen Rückgang der öffentlichen Mittel. Als Reaktion wurde versucht, die finanziellen Kürzungen durch die Erhöhung von Teilnahmebeiträgen (und auch von Trägerzuschüssen) zu kom-

---

9 Da bereits der § 16 als unverbindlichere Soll-Regelung formuliert ist (vgl. Kap. 2.2.3), erscheinen die hier angeführten Zuschüsse als noch weniger verlässliche Finanzierungsgrundlage.

pensieren. Auch die vermehrte Orientierung an ‚marktgängigen' und profitablen Angeboten war eine allgemein praktizierte Strategie, Schwierigkeiten bei der Kostendeckung aufzufangen (vgl. ebd.). Die „Ausrichtung des Angebots an zahlungskräftigem Klientel" (John 2003: 10) steht jedoch in Widerspruch zu einer vermehrten Öffnung der Einrichtung für benachteiligte Adressatengruppen.

Auch aktuell berichten ca. zwei Drittel der Einrichtungen von einer Verschlechterung ihrer finanziellen Lage aufgrund von Mittelkürzungen (42%) oder Umstrukturierungen (33%) (vgl. Lösel 2006: 48). Der Großteil (88%) reagierte darauf mit vermehrten oder erhöhten Teilnahmegebühren und häufig auch mit einem Rückgang des Angebots, „und zwar hinsichtlich Umfang, Qualität und Niederschwelligkeit", was „geringere Unterschichtanteile oder seltener Zielgruppen mit besonderen Belastungen" zur Folge hat (ebd.: 8). Die Untersuchung bescheinigt den Einrichtungen intensive Bemühungen und auch kreative Ansätze, die jedoch dringend der Absicherung durch mittel- und längerfristige Finanzierungskonzepte bedürfen, um auch für benachteiligte Familien eine bedarfsgerechte „Grundversorgung" zu schaffen (ebd.: 15).

Teilweise lassen sich niedrigschwellige Angebote im Rahmen von Modellprojekten finden, die meist über Landesmittel finanziert sind. Nach dem Ende der Laufzeit erweist sich jedoch in aller Regel die Anschlussförderung als problematisch (vgl. John 2003: 158) – innovativen Angeboten für benachteiligte Adressaten fehlt es demnach sehr häufig an Nachhaltigkeit.

2.3.3.2 Personal- und Qualifikationsstruktur

Es sind zumeist Frauen, insbesondere bei den Kursleitungen, die in den familienbildenden Einrichtungen beschäftigt sind. Das eigene Familienmodell der Mitarbeiter(innen) wird als überwiegend traditionell, d. h. verheiratet mit zwei Kindern, charakterisiert. Auch der Bildungsstand – vorrangig (Fach-)Hochschulniveau auf Leitungs- und berufliche Ausbildung auf Kursleitungsebene – ist ‚mittelschichtsspezifisch' (vgl. Schiersmann et al. 1998: 237 ff) und entspricht somit dem Profil der hauptsächlichen Nutzer(innen) von Familienbildung.

Innerhalb der letzten Jahre erhöhte sich die fachliche Qualifikation der festen Mitarbeiter(innen) durch eine Zunahme der pädagogischen Ausbildungen und der Zusatzqualifikationen aus Therapie, Beratung oder Erwachsenenbildung Auch die Kursleiter(innen) sind vermehrt geschult und professionell, im Gegensatz zum früher typischen Modell der „Hausfrauenmitarbeiterin", tätig (vgl. ebd.: 240 f; Lösel 2006, 10).

Entgegen der steigenden Fachlichkeit und trotz eines erhöhten Arbeitsvolumens stagniert jedoch der Personalstand und feste Stellen werden zunehmend durch Honorar- und Teilzeitkräfte ersetzt. Bis zum Jahr 2002 ging der Anteil der hauptamtlichen Mitarbeiter(innen) auf knapp 7% zurück, die infolgedessen einen Mehraufwand bei Personal- und Managementaufgaben zu bewältigen haben (vgl. Pettinger/Rollik 2005: 136).

Aufgrund dieser Entwicklungen wird die Kapazität der Einrichtungen für eine konzeptionelle Weiterentwicklung v.a. im Hinblick auf sog. ‚schwer erreichbare Zielgruppen' kritisch bewertet: „Eine Ausweitung innovativer Angebote ist unter der gegebenen Personalstruktur kaum zu realisieren" (John 2003: 9). Auch die fachliche Auseinandersetzung und Vorbereitung hinsichtlich spezifischer Bedarfe und Familienwirklichkeiten erscheint mangelhaft: Gemäß der bereits zitierten Analyse von Fortbildungsangeboten „legen die Konzepte eher die angenommene typische Normalbiographie, im Sinne der klassischen Kleinfamilie mit gängiger Geschlechterrollenverteilung, zugrunde und reflektieren wenig auf die immer zahlreicher werdenden Varianten anderer Lebensformen. Darüber hinausgehende, für Familien relevante Fragestellungen, wie z. B. der Wandel von Beziehungsstrukturen, Verarmung und wirtschaftliche Not, familiäre Krisen und Konflikte oder Geschlechterfragen finden in den Fortbildungskonzepten und damit auch in der Kursarbeit wenig Raum. (...) Gleichzeitig fehlen die entsprechenden Strukturen und fachlichen Voraussetzungen, um die angesprochenen Inhalte in einem fortlaufenden Prozess immer wieder neu zu reflektieren und weiterzuentwickeln" (Brixius et al. 1999: 8). In eine ähnliche Richtung weisen die Ergebnisse einer Recherche zu explizit niedrigschwellig angelegten Projekten der Familienbildung: Nur bei einem sehr kleinen Teil der untersuchten Angebote (3 von 23) war eine gezielte Vorbereitung der Mitarbeiter(innen) auf die Besonderheiten der Zielgruppe enthalten (vgl. Haug-Schnabel/ Bensel 2003: 20). Dies stellt jedoch eine Voraussetzung für eine bedarfsgerechte und Stigmatisierungseffekten vorbeugende Arbeit mit benachteiligten Adressaten dar.

Zwar sind in den letzten Jahren Bestrebungen zu erkennen, das Angebot der Familienbildung niedrigschwelliger zu gestalten und vermehrt für Familien in prekären Lebenslagen zu öffnen. Dies zeigt sich zum Beispiel in Zusammenstellungen von ‚best-practise'-Projekten (s. u. a. Netzwerk für örtliche und regionale Familienpolitik 2002; Schaarschmidt 2003; Oberndorfer/Mengel 2004) oder regionalen Maßnahmen zur Qualitätsentwicklung (s. Das Paritätische Bildungswerk 2003). Dennoch lassen diese – meist im Internet veröffentlichten – Berichte wenige Rückschlüsse zum allgemeinen Stand der Entwicklungen zu.

Um der Frage nach dem aktuellen Angebot explizit für benachteiligte Adressaten weiter nachzugehen und Aufschluss über Unterschiede zwischen den

Einrichtungen zu erhalten, wird im folgenden Kapitel eine kurze regionale Befragung von Familienbildungsstätten vorgestellt.

2.4 Kurzbefragung der bayerischen Familienbildungsstätten zu Angeboten für benachteiligte Familien

Einen aktuellen Eindruck zu familienbildenden Angeboten für benachteiligte Adressaten zu gewinnen, war das Ziel einer telefonischen Kurzbefragung der bayerischen Familienbildungsstätten im Jahr 2006. Die fernmündliche Befragungsform wurde gewählt, da eine Auswertung der schriftlichen Programme zu ungenau erschien, denn nicht jedes Angebot, das sich an benachteiligte Familien richtet, lässt sich anhand des Ausschreibungstextes erkennen. Wie bereits dargestellt, ist Familienbildung durch heterogene Trägerstrukturen und eine Vielfalt von Institutionen geprägt. Die Familienbildungsstätten wurden herausgegriffen, da sie explizit in diesem Arbeitsbereich tätig sind (vgl. Kap. 2.3.1).

Anhand der Stichprobe sollten Hinweise gewonnen werden, ob und auf welche Weise Angebote für benachteiligte Adressatengruppen in das Programm der Einrichtungen integriert sind. Die Befragung wurde auf Grundlage der vom Landesjugendamt veröffentlichten Auflistung der 17 Familienbildungsstätten in Bayern durchgeführt. Mit 16 der Einrichtungen erfolgte ein leitfadengestütztes Telefoninterview, ausgewertet wurden die Angaben von 15 der befragten Mitarbeiter(innen).[10] Die Ergebnisse sind nicht repräsentativ für die Situation der Familienbildung in Bayern, sie können jedoch einen Eindruck zum aktuellen Stand der Angebote für benachteiligte Adressaten in den Familienbildungsstätten vermitteln. Inhalt der Fragestellung war,

- ob die Einrichtung aktuell ein spezielles Angebot für benachteiligte und bildungsferne Eltern vorhält,
- die Einrichtung ein solch spezielles Angebot plant,
- in den letzten Jahren versucht wurde, ein derartiges Angebot einzurichten und
- ob benachteiligte oder bildungsferne Eltern andere Angebote der Einrichtung nutzen.

War eine der Antworten positiv, wurden die Mitarbeiter(innen) gebeten, das Angebot und seine Besonderheiten sowie die Zielgruppe möglichst genau zu

---

10 Eine Stelle ist mittlerweile ausschließlich im Bereich Qualifizierung und Beratung von Multiplikatoren tätig. Eine weitere sehr kleine Einrichtung konnte aufgrund der schlechten Erreichbarkeit der Mitarbeiter(innen) nicht befragt werden.

beschreiben und auch eine Einschätzung zu Resonanz und möglichen Problemen abzugeben (Leitfaden für die Telefonbefragung s. Anhang III).

Bei der Auswertung der Angaben nach inhaltlichen Gesichtspunkten ergaben sich Hinweise auf drei Gruppen, in die sich die befragten Familienbildungsstätten unterteilen lassen.

Gruppe 1: Die Einrichtung hält aktuell spezialisierte Angebote vor

Insgesamt sechs Familienbildungsstätten machten entsprechende Angaben. Die vorrangige Zielgruppe sind Familien mit Migrationshintergrund, die Angebote liegen vor allem im Bereich der Sprachförderung und der Gesundheitshilfe. Als weitere große Zielgruppe werden Alleinerziehende genannt, für die Freizeittreffs, offene Gesprächskreise und alltagsnahe elternbildende Kurzveranstaltungen angeboten werden. Ein Teil der Einrichtungen führt Elternkurse in Kooperation mit dem Allgemeinen Sozialdienst durch, die sich an benachteiligte Familien richten. Vereinzelt werden auch Qualifizierungsangebote oder Beschäftigungsprojekte vorgehalten.

Das Ausmaß der spezialisierten Angebote im Programm der Einrichtungen differiert erheblich. Bei drei Familienbildungsstätten kann von einem *Schwerpunkt* – wiederum mit den Zielgruppen Migrant(inn)en und Alleinerziehende – gesprochen werden, die direkte räumliche Lage der Einrichtung erscheint hierfür meist ausschlaggebend. So finden in einem Stadtteil mit hohem Ausländeranteil eine Vielzahl meist muttersprachlicher Kurse, Veranstaltungen sowie Einzel- und Gruppenberatungen statt. Das Programm wird in enger Kooperation mit dem Gesundheitswesen (Gesundheitsamt, Klinikum u. a.) kontinuierlich erweitert und stößt auf große Nachfrage.[11] Eine andere Einrichtung in einem sozialen Brennpunkt baute im Rahmen des Förderprogramms ‚Soziale Stadt' spezielle Angebote für Alleinerziehende auf, die gut angenommen werden. In einem dritten Fall haben sich innerhalb von Kooperationen mit Kirchengemeinde und Kindergarten kontinuierliche Angebote ebenfalls für Eineltern- und Migrantenfamilien etabliert.

Drei weitere Familienbildungsstätten halten aktuell jeweils *ein* Angebot vor (Nachholen von Schulabschlüssen, spezieller Elternkurs für sozial Benachteiligte bzw. niedrigschwellige Gesprächsrunden für Migrantenfamilien im Rahmen eines Modellprojekts[12]). In zwei Fällen ist die Resonanz jedoch gering und es

---

11 Für ausführliche Hinweise s. Krämer/Voigt (2004)
12 Für weitere Hinweise zum Modellprojekt „elterntalk" s. URL: http://www.elterntalk.net [29.12.05].

bestehen Überlegungen, die Angebote mit anderen Eltern-Kind-Gruppen zusammen zu legen oder einzustellen. Zum Teil wurden in der Vergangenheit andere Veranstaltungen, z.b. zum Thema Finanzen, ausprobiert, kamen jedoch aufgrund ausbleibender Anmeldungen nicht zustande. Hingegen musste eine Einrichtung aufgrund von Zuschusskürzungen ein gut frequentiertes Sprachförderangebot für Migrantinnen einstellen.

Gruppe 2: Die Einrichtung hält aktuell kein spezialisiertes Angebot vor, aber in bestimmte reguläre Veranstaltungen sind benachteiligte Adressaten integriert

Von diesem Stand berichten drei der 15 befragten Familienbildungsstätten. Meist handelt es sich hier um Eltern-Kind-Gruppen, für die zugehende Arbeit über Multiplikatoren vor Ort (z. B. Kirchengemeinden, Bezirkskrankenhaus, Allgemeiner Sozialdienst) geleistet wird. Eine Einrichtung dieser Gruppe führte in Kooperation mit verschiedenen Migrantennetzwerken spezialisierte Angebote zum Thema Gesundheit oder Hausaufgabenbetreuung durch, die auf positive Resonanz stießen. Da hierfür kein Kostenbeitrag erhoben wird, muss von einer Fortsetzung abgesehen werden, bis wieder ausreichend Mittel eingeworben sind.

Gruppe 3: Die Einrichtung führt weder aktuell ein spezialisiertes Angebot durch noch wird dies geplant

Wiederum insgesamt sechs Familienbildungsstätten antworten entsprechend und begründen durchgängig mit fehlenden personellen und finanziellen Ressourcen, um die hierzu nötigen Umstrukturierungen (z. B. Einrichtung von Geh-Strukturen, Kostenersatz für Verzicht auf Teilnahmegebühren) vorzunehmen. Eine Familienbildungsstätte berichtet, dass ein angegliederter offener Treffpunkt in einem sozialen Brennpunkt seitens des Trägers geschlossen wurde. Fast alle Einrichtungen dieser Gruppe haben einen Fonds eingerichtet, mit dem einkommensschwache oder kinderreiche Familien zu ermäßigten Gebühren teilnehmen können – dieser wird jedoch eher selten in Anspruch genommen.

Aus den Berichten der befragten Familienbildungsstätten können – vorsichtige – Rückschlüsse gezogen werden: Der größere Teil von Einrichtungen bemüht sich gezielt darum, benachteiligte Adressaten zu integrieren. Mit der punktuellen Aufnahme einzelner spezialisierter Angebote in ein allgemeines Programm für Eltern werden tendenziell negative Erfahrungen gemacht. Für eine positive und stabile Resonanz erscheint eine zielgruppenspezifische Schwerpunktsetzung hilfreich, die beständiger konzeptioneller Weiterentwicklung bedarf. Auch besitzen die örtliche Lage und das Eingehen von Kooperationen Schlüsselfunktionen.

Eine Einbindung benachteiligter Familien in reguläre Angebote gelingt seltener, auch in diesen Fällen wird die Strategie der zugehenden Arbeit über Kooperationspartner genutzt. In der Regel findet eine Spezialisierung auf die Zielgruppen Familien mit Migrationshintergrund und Alleinerziehende statt. Andere benachteiligte Adressatengruppen, wie beispielsweise arme und bildungsferne deutsche Familien, werden eher wenig und oft nur in Zusammenarbeit mit fürsorgerischen Einrichtungen erreicht, d. h. wenn Eltern oder Kinder ‚auffällig' geworden und institutionell eingebunden sind. Ein ebenfalls großer Teil der Familienbildungsstätten sieht sich aufgrund unzureichender personeller und finanzieller Ausstattung nicht in der Lage, den konzeptionellen Mehraufwand zur Integration benachteiligter Familien zu leisten.

Die Zusammenschau der Befragung ergibt somit Hinweise auf ein tendenziell gespaltenes Bild: Ein Teil der Einrichtungen hat sich auf bestimmte Zielgruppen spezialisiert und berichtet hier von positiven Effekten. Ein anderer Teil beurteilt grundsätzlich die eigenen Möglichkeiten als nicht ausreichend. Erfahrungen mit als zu knapp beschriebenen oder gekürzten Mitteln liegen jedoch einrichtungsübergreifend vor (vgl. Kap. 2.3.3). Ein Unterschied deutet sich darin an, inwieweit zusätzliche Ressourcen in Form von Sonderförderungen oder Kooperationsbeziehungen erschlossen werden konnten. Eine breiter und tiefer angelegte empirische Untersuchung zur Überprüfung dieser Hinweise erscheint vor dem Hintergrund dieser sehr unterschiedlichen Erfahrungen sicherlich lohnenswert.

2.5 Familienbildung mit benachteiligten Adressaten – ein erstes Fazit

Wie die Geschichte der Familienbildung insgesamt und auch im Hinblick auf Familien in benachteiligten Lebenslagen zeigt: Das Angebot ist seit jeher von einer doppelten Zuständigkeit von Fürsorge und Erwachsenenbildung geprägt. Dieser zweifache ‚Anker' birgt prinzipiell Vorteile als auch Schwierigkeiten:

Die Vielfalt von Anbietern, Formen, Inhalten und Finanzierungsstrukturen schafft gute Voraussetzungen, Angebote für eine große Bandbreite von Adressaten vorzuhalten. Vor allem vor dem Hintergrund der Pluralisierung von Lebenslagen und Familienformen und der damit einher gehenden Ausdifferenzierung von Lerninteressen erscheint eine ebenso pluralisierte Familienbildungslandschaft günstig, um die Teilhabe möglichst vieler Familien an Unterstützung und dem Zugang zu Ressourcen zu gewährleisten.

Auch die beschriebene ‚doppelte Identität' kann sich als positiv insbesondere im Hinblick auf benachteiligte Adressaten erweisen, da die Trennung einzelner Arbeitsformen in Bildung, Beratung, Sozialarbeit und Therapie weniger der komplexen Lebensrealität von Familien entspricht als integrative Konzepte.

Grundsätzlich befindet sich Familienbildung mit ihrem Angebot im Übergang von öffentlicher und privater Sphäre, für die einerseits eine Neudefinition in Richtung verstärktem staatlichem Engagement gefordert wird, die andererseits jedoch geprägt ist von der Tradition der privaten Erziehung: „Das Dilemma der Erziehungsfrage liegt, zugespitzt formuliert, darin, dass die elterliche Erziehungskompetenz als alltagsweltlich gegeben, als immer schon vorhanden vorausgesetzt wird – ungeachtet der Frage, wo und wie dies denn erworben worden sein soll –, so dass die eigene Verunsicherung als individuelle Unfähigkeit betrachtet und infolgedessen tabuisiert wird" (BMFSFJ 2005a: 48).

Somit bergen die der Familienbildung immanenten Überschneidungen von Bildung und Fürsorge ohne eine weitere fachliche Aufarbeitung auch die Gefahr der Intransparenz und Angst vor Abwertung und Kontrolle, die insbesondere bei benachteiligten Adressaten abschreckend wirken kann. Familienbildung hat somit den Balanceakt zu bewältigen, gleichzeitig integrativ *und* differenziert zu sein: Dies bedarf eines ‚äußeren' möglichst umfassenden und vielfältige Bedarfe abdeckenden Gesamtkonzepts ebenso wie einer ‚inneren' „verbesserten Wahrnehmungsfähigkeit für sinnvolle Differenzen und damit die Unterscheidungsfähigkeit zwischen differenten pädagogischen Arrangements und ihren (meist impliziten) Zielvereinbarungen" (Schäffter 1997: 693).

Die wachsende öffentliche Aufmerksamkeit für Familienbildung hat ihren grundsätzlichen Stellenwert erhöht. Forderungen nach verbesserten Zugängen für Familien in besonderen Belastungssituationen oder einem „höheren Grad an Verbindlichkeit für die Sicherstellung eines bedarfsgerechten Angebots" (Jugendministerkonferenz 2003: 2) bergen Möglichkeiten:

Zum einen für die Entwicklung innovativer Formen und Methoden, zum anderen zur längerfristigen und nachhaltigen Etablierung von Angeboten unter prozessorientierter Perspektive. Dies ist vor allem für benachteiligte Adressaten wichtig, da zielgerichtetes und zielgruppenorientiertes Vorgehen erfolgversprechender erscheint als die Aufnahme punktueller Angebote. Wie dargestellt, stand und steht die Aufmerksamkeit für Familienbildung in Zusammenhang mit Zeiten krisenhafter gesellschaftlicher Entwicklungen, die jeweils große Erwartungen nach sich ziehen. In Anbetracht der beschriebenen inhaltlichen Unschärfe ist jedoch eine verstärkte Profilierung sowohl nach innen – in Form fachlicher Kompetenz und Sicherheit bei den Mitarbeiter(inne)n – als auch nach außen – in Hinblick auf die spezifische Zielsetzung und Leistungsfähigkeit des Angebots – notwendig. Es fehlt jedoch an systematischen und interdisziplinären theoretischen Fundierungen. Das gestiegene öffentliche Interesse beinhaltet zwar die Möglichkeit, das Profil von Familienbildung zu stärken, doch erfordert auch dies Ressourcen für die Weiterentwicklung der Praxis, für Kooperation und Vernetzung sowie für eine Wissenschaft der Familienbildung.

Demgegenüber ist die institutionelle Realität von Familienbildung nach wie vor geprägt von abnehmenden Mitteln und Kompensationsversuchen einer vermehrten Marktorientierung, was sich bei der ohnehin massiv mittelschichtdominierten Nutzerstruktur bezüglich einer Öffnung für benachteiligte Adressaten als widersprüchlich erweist. Für viele Einrichtungen lässt sich zugespitzt das Dilemma formulieren, mit weniger finanziellen wie personellen Ressourcen aufgrund von vermehrtem Druck von Außen Umstrukturierungen zur Erreichung neuer Zielgruppen erarbeiten zu sollen, obwohl das eigene Angebot gut frequentiert ist und von den Nutzer(inne)n hohe Zustimmung erhält.

Das Potenzial für Innovationen ist demnach vor dem Hintergrund der strukturellen Situation kritisch einzuschätzen: „Die Analyse von Familienbildung weist (...) darauf hin, dass sie in ihren derzeitigen organisatorischen und personellen Strukturen und ihren materiellen Ressourcen den an sie gerichteten Erwartungen und Aufgabenstellungen nicht voll gerecht werden kann" (Pettinger/ Rollik 2005: 4).

Was heißt das nun für die Forderung, Familienbildung vermehrt für unterprivilegierte Adressaten zu öffnen? Eine zunehmende Orientierung an benachteiligten Zielgruppen ist am ehesten bei Angeboten für Migrant(inn)en und Alleinerziehende erkennbar, dies deckt jedoch nicht das Spektrum von Familien in prekären und belasteten Lebenssituationen ab. In diesem Kontext werden zunehmend spezialisierte Angebote mit milieuspezifischem Zugang gefordert (vgl. Haug-Schnabel/Bensel 2003: 23). Doch fehlen insgesamt Bedarfserhebungen, vor allem zu den Interessen von Adressaten, die nicht der ‚klassischen Mittelschicht' angehören. Deren „Bedürfnisse werden offenbar auch weniger erkannt, berücksichtigt und bearbeitet" (Rupp 2003: 10 f).

Dies knüpft an die schon fast vor drei Jahrzehnten erhobene Kritik von Borchert und Derichs-Kunstmann an: Den Autor(inn)en gemäß beruht die Begründung der Notwendigkeit von Familienbildung zum einen auf der Annahme, dass „Eltern pädagogische Laien sind und deshalb fachliche Beratung brauchen" und zum anderen, dass „Eltern gewissen gesellschaftlichen Ansprüchen nicht genügen und deshalb von der Elternbildung in die Lage versetzt werden müßten, bestimmte Funktionen den gesellschaftlichen Anforderungen adäquat wahrzunehmen". Jedoch: „Keine der (...) Begründungen geht von den Bedürfnissen, Erfahrungen und Erwartungen der Eltern selbst aus" (Borchert/Derichs-Kunstmann 1979: 108 f).

Wer ist also die Gruppe der benachteiligten und bildungsfernen Eltern? Wie beurteilen diese selbst ihren etwaigen Bildungs- und Förderungsbedarf und was sind mögliche Gründe für die unterdurchschnittliche Teilnahme an familienbildenden Angeboten?

3 Die Perspektive der Adressaten

In der aktuellen Diskussion um Familienbildung nimmt die Forderung, vermehrt benachteiligte und bildungsferne Elterngruppen zu erreichen, einen zentralen Stellenwert ein. Meist wird diese Auseinandersetzung jedoch ohne die Perspektive derer, die ‚sich bilden sollen' geführt. Es fehlt an Informationen über die Interessen und möglichen Teilnahmebarrieren der Eltern und auch darüber, wie diese selbst ihren erzieherischen Unterstützungs- und Familienbildungsbedarf beurteilen. Innerhalb der Familienbildung existieren nur wenige entsprechende Untersuchungen. Hier kann jedoch auf historische wie aktuelle milieuspezifische Befunde der Erwachsenenbildungsforschung zurückgegriffen werden, die sich mit den Vorstellungen und Bedarfen benachteiligter Adressaten im Hinblick auf Lernen und Bildung befassen.

Dabei sollen die „komplexen Wechselwirkungen zwischen Weiterbildungsverhalten und Lebenszusammenhängen" (Friebel zit. n. Bremer 1999: 30), die bei der Ausprägung von Bildungsinteressen und -barrieren unterschiedlicher Bevölkerungsgruppen zum Tragen kommen, berücksichtigt werden. Darüber hinaus liegen in der Erwachsenenbildung langjährige und theoretisch aufgearbeitete Erfahrungen mit dem Zielgruppenansatz vor – einem theoretisch-didaktischen Konzept, das sich explizit auf sozial Benachteiligte bezieht, und dessen Begrifflichkeiten auch in die Familienbildung Eingang fanden. Zunächst ist jedoch von Interesse, welche Bevölkerungsgruppen und Lebenslagen sich hinter der Überschrift ‚benachteiligte Familien' verbergen.

3.1   Die Adressatengruppe ‚Familien in benachteiligten Lebenslagen'

Gesellschaftliche Wandlungsprozesse verändern die Bedingungen von Elternschaft und Familie grundsätzlich und für alle, wie anhand der allgemeinen strukturellen und demografischen Veränderungen in Kap. 2.1.3 bereits skizziert wurde. Unterschiedliche gesellschaftliche Positionen haben jedoch unterschiedlichen Zugang zu Ressourcen zur Folge und bringen somit unterschiedliche Konsequenzen für das Leben von Familien mit sich. Dabei werden verschiedene

Dimensionen benachteiligter Lebenslagen deutlich, die Ansatzpunkte für eine bedarfsgerechte Familienbildung bieten können.

3.1.1 Die verschiedenen Dimensionen von Benachteiligung

Aktualität im Rahmen der Familienbildung erlangte das Thema der sozialen Benachteiligung erneut seit Beginn der 1990er Jahre, als mit Begriffen wie „Infantilisierung" (Butterwegge/Klundt 2002: 1) oder „Familialisierung" (Klocke/Hurrelmann 1998: 18) von Armut das konstant ansteigende Armutsrisiko von Kindern und Jugendlichen in das öffentliche Bewusstsein gelangte. Angestoßen durch Berichte von Wohlfahrtsverbänden und Gewerkschaften[13], wurde eine Zunahme im Kontext des 10. Kinder- und Jugendberichts zwischen der unabhängigen Expertenkommission und der damaligen Familienministerin zunächst noch kontrovers diskutiert (s. BMFSFJ 1998: 88-95). Inzwischen stellt das vermehrte Aufwachsen von Kindern und Jugendlichen in benachteiligten Lebensverhältnissen eine politisch anerkannte gesellschaftliche Größe dar, was u. a. durch die Einführung des regelmäßigen Armuts- und Reichtumsberichtes der Bundesregierung zum Ausdruck kommt.

Die Datenlage weist auf eine wachsende soziale Ungleichheit zwischen verschiedenen Bevölkerungsgruppen hin, die auch mit der familialen Lebensform in Verbindung steht. „Die sozioökonomische Lebenssituation von Kindern und Jugendlichen leitet sich wesentlich aus der weitgehend vom Bildungsniveau abhängigen Beteiligung und Stellung der Eltern im Erwerbssystem sowie – damit verknüpft – deren Einkommen her und steht in einem engen Zusammenhang mit der Familienform (Paarhaushalte oder Alleinerziehende), der Anzahl und dem Alter der Kinder" (BMFSFJ 2005a: 75).

Benachteiligung ist ein Ergebnis sozialer Ungleichheit und bezieht sich auf in der Gesellschaft als ‚normal' und erstrebenswert definierte Güter und Positionen, zu denen der Zugang jedoch unterschiedlich verteilt ist. Dieses gesellschaftliche Phänomen wird dabei als individuelles Schicksal oder persönliches Merkmal erlebt. Die Diskrepanzerfahrung der ungleichen Chancenverteilung muss von den Betroffenen immer wieder neu bewältigt werden in dem Versuch, dabei Handlungsfähigkeit und Selbstwert zu bewahren (vgl. Böhnisch zit. n. Munsch 2003: 10).

Darüber hinaus wird Armut und Benachteiligung als ein „multidimensionales" (Hock/Holz/Simmedinger/Wüstendörfer 2000: X) Konzept von Lebensla-

---

13 s. z. B. die Armutsberichte des Caritas-Verbandes (Hauser/Hübinger 1993) oder des DGB und des Paritätischen Wohlfahrtsverbandes (Hanesch et al. 1994).

gen verstanden: Objektive sozioökonomische Merkmale, wie Höhe des Einkommens, Erwerbstätigkeit oder Bildungsstand, werden darin um subjektive Bedingungen von Armut erweitert. Anhand folgender Dimensionen lassen sich benachteiligte Lebenslagen differenzieren:

Materielle Dimension	• Höhe des Einkommens, Grad der Unabhängigkeit von staatlichen Transferleistungen, Verschuldung • Erwerbstätigkeit • Wohnverhältnisse, Wohnumgebung
Kulturelle Dimension	• Bildungsabschlüsse, Berufsabschlüsse, beruflicher Status, Lerngeschichte • kulturelle Kompetenzen, Sprache • Alltagskompetenzen
Soziale Dimension	• Gesamtheit aktueller und potenziell verfügbarer sozialer Netze, Zugang zu öffentlichen oder privaten Dienstleistungen • soziale Kompetenzen • Zeit: Belastung aus Erwerbs- und Haushaltsarbeit, Freizeitvolumen
Familiale Dimension	• familiale Lebensform • Familienklima, Paarbeziehung, Eltern-Kind-Beziehung, Erziehungskompetenzen
Physische und psychische Dimension	• Gesundheitszustand, Entwicklung • subjektives Wohlbefinden

Abb. 2: Zusammenstellung objektiver und subjektiver Armutsdimensionen
Quelle: Eigene Zusammenstellung auf Grundlage von Hock et al. 2000; Schwarze/Mühling 2003; Meier/Preuße/Sunnus 2003; Brüning 2002.

Die einzelnen Bereiche können auch als (potenzielle) Ressourcen betrachtet werden, die sich wechselseitig beeinflussen[14] und unterschiedliche Handlungsspielräume innerhalb einer Lebenslage eröffnen. So können verschiedene Faktoren sowohl kumulierend und verschärfend als auch sich untereinander abmildernd auf die Gesamtsituation einwirken. Im Folgenden werden die einzelnen

---

14 Die Trennung in die einzelnen Dimensionen unterliegt deshalb einer gewissen Unschärfe, z B. kann Bildung aus Voraussetzung für Erwerbstätigkeit und diese wiederum als Voraussetzung für soziale Integration betrachtet werden.

Dimensionen anhand aktueller Daten aufbereitet, um damit die Vielfältigkeit benachteiligter Lebenssituationen zu illustrieren.

3.1.1.1 Materielle Dimension und Erwerbstätigkeit

Die materielle Situation gilt als „ein zentraler Indikator für Benachteiligung bis hin zur Armut, weil die Lebenslage, der Lebensunterhalt, der Erwerb von Gütern und der Zutritt zu gesellschaftlichen Aktivitäten vornehmlich vom verfügbaren Einkommen abhängen" (Becker/Lauterbach 2002: 163). Innerhalb der aktuellen Forschung wird Einkommensarmut nicht als Unterschreitung eines bestimmten Existenzminimums, sondern in ihrem Verhältnis zu gesellschaftlichen Standards als *relative* Armut bemessen. Demnach gilt als arm, wer über weniger als einen bestimmten Anteil des durchschnittlichen Einkommens der Gesamtbevölkerung verfügt.[15]

Rund ein Drittel der bundesdeutschen Haushalte leben im ‚prekären Wohlstand'. Der Anteil der Bevölkerung unterhalb der 50%-Armutsschwelle stieg auf 12% deutlich an (vgl. Statistisches Bundesamt 2005: 625). Kinder sind von Armut überdurchschnittlich häufig betroffen, hier „besonders stark (...) die unter 5-jährigen" mit einem Anteil von 24% (Grabka/Krause 2005 zit. n. BMFSFJ 2005a: 77).

Differenziert man nach Haushaltsform, so ist die Armutsquote von Familien mit minderjährigen Kindern mehr als doppelt so hoch (14,7%) als bei Paaren ohne Kinder. Das größte Risiko der Einkommensarmut tragen Alleinerziehende (41%). Bei steigenden Kinderzahlen erhöht sich dieses weiter (vgl. Statistisches Bundesamt 2005: 633). Überdurchschnittlich häufig kommt Armut auch bei Migrant(inn)en, Personen ohne abgeschlossene Schul- und Berufsausbildung sowie Erwerbslosen vor (vgl. ebd.: 632). Doch nimmt auch der Anteil von Haushalten zu, die trotz regelmäßiger Erwerbstätigkeit ein Einkommen nur knapp um die Armutsgrenze erzielen (vgl. Holz/Richter/Wüstendörfer/Gierung 2005: 4). Die Erfahrung kurzfristiger Armut kommt bis weit in die mittleren Einkommensschichten vor, Personen aus der niedrigsten Einkommensgruppe sind jedoch überwiegend von wiederkehrender oder permanenter Armut betroffen (vgl. Statistisches Bundesamt 2005: 638).

Zur Verfestigung von Armut trägt dabei häufig der dauerhafte Ausschluss vom Erwerbssystem bei (vgl. Hock et al. 2000: 63). Familien werden von Ar-

---

15 Gängige Schwellenwerte sind der ‚Prekäre Wohlstand', d. h. das monatliche Haushaltseinkommen beträgt weniger als 75%, und ‚Armut', d. h. die Haushalte verfügen über weniger als die Hälfte (50%) des durchschnittlichen Einkommens der Bevölkerung (Statistisches Bundesamt 2005: 629).

beitslosigkeit erheblich belastetet, beispielsweise durch den Verlust von Zeitstrukturen oder die Bewältigung veränderter familialer Rollen (s. u. a. Schindler/ Wacker/Wetzels 1990). Besonders armutsgefährdet sind junge Mütter, die den Übergang ins Berufsleben (noch) nicht erfolgreich vollzogen haben. Neuere Untersuchungen sprechen gerade jungen Frauen mit niedrigem Bildungsstand den Status von „Outsidern" im Erwerbssystem zu (vgl. Hofäcker i.E., 54 f). Angesichts eingeschränkter Zukunftschancen bildet die frühe Mutterschaft teilweise auch eine Lebensalternative, die unabhängig von einer Berufsbiographie einen anerkannten gesellschaftlichen Status verspricht (vgl. Friedrich/Remberg 2005: 141 f; Garst 2004: 10). Die mangelnde schulische oder berufliche Qualifikation hat dabei zumeist sehr langfristige Konsequenzen für die ökonomische Situation und die Abhängigkeit von Transferleistungen.

Ein verbreitetes Problem für Familien ist auch in der Überschuldung zu sehen, denn diese bilden „die stärkste Gruppe überschuldeter Haushalte" (Becker/ Lauterbach 2002: 169). Meist entsprechen die betroffenen Eltern jedoch nicht den bekannten Risikogruppen, sie sind überwiegend erwerbstätig und verfügen meist über mittlere und hohe Bildungsabschlüsse (vgl. Schwarze/Mühling 2003: 29).

Familien mit niedrigem Einkommen leben häufig in beengten Wohnverhältnissen und einer anregungsarmen oder belasteten Wohnumgebung (vgl. Alt 2004: 3). Vor allem mit kleinen Kindern ist jedoch die Wohnung der bedeutsamste Lebensraum. Dabei gelten beengte Wohnverhältnisse sowohl im Hinblick auf die kindliche Entwicklung als auch auf das Belastungserleben der Elternschaft als ungünstiger Einflussfaktor (vgl. Fthenakis/Kalicki/Peitz 2002: 197). Durch eine gute Infrastruktur, wie Spiel- und Kontaktmöglichkeiten im räumlichen Umfeld, können diese abgemildert werden. Problematisch wirken jedoch Segregationsprozesse in sozialen Brennpunkten, da sich hier häufig soziostrukturelle und räumliche Benachteiligungen gegenseitig verstärken.

3.1.1.2 Bildung

Dem Bildungsstand wird im Kontext von Benachteiligung eine Schlüsselrolle zugesprochen. Die aktuelle Veröffentlichung der ‚PISA 2'-Studie bestätigte erneut die straffe Kopplung von sozialer und kultureller Herkunft mit dem Schulerfolg und -abschluss der Jugendlichen (vgl. Prenzel et al. 2005: 36). Problemverstärkend wirkt, dass in der überwiegenden Mehrzahl der geschlossenen Ehen der Bildungsabschluss homogen ist. Dies führt zu kumulierenden ungünstigen Lebensumständen in den unteren Bildungs- und Einkommensgruppen und somit zur Verstärkung sozialer Ungleichheit (vgl. Blossfeld/Timm 1997: 440).

Auch steigt bei Kindern von Eltern ohne Schulabschluss oder berufliche Ausbildung insbesondere das Risiko der dauerhaften Armut an (vgl. Hock et al. 2000: 63). Der Anteil der bildungsbenachteiligten Bevölkerungsgruppen, die von einer verfestigten Unterprivilegierung betroffen sind, wird in Deutschland auf ca. 10% beziffert (vgl. Vester 2004: 20).

Auch mangelnde Kompetenzen in Haushalts- und Zeitmanagement stellen Risikofaktoren von Armut dar (vgl. BMGS 2005: 31). Zu diesen sogenannten Alltagskompetenzen gehören, neben der Fähigkeit zur Sicherung der Daseinsvorsorge (d. h. die adäquate Wahrnehmung der Bedarfe der Haushaltsmitglieder, Realitätsbezug und Qualität haushälterischer Entscheidungen sowie das Ausmaß von Eigenverantwortung und -aktivität), auch praktisches haushälterisches Wissen und Fertigkeiten (vgl. Preuße/Meier/Sunnus 2003: 82). Vor allem bei verfestigter Armut und generationsübergreifendem Sozialhilfebezug sowie sehr jungen Eltern sind diese Kompetenzen häufig eingeschränkt (vgl. ebd.: 11). Zudem beteiligen sich bildungsbenachteiligte Personen seltener an Angeboten der Erwachsenen- und auch der Familienbildung (vgl. Kap. 2.3.2), die wiederum den Zugang zu Ressourcen eröffnen können.

3.1.1.3 Soziale Integration

Soziale Netze bilden in allen Lebenslagen wichtige Entlastungspotenziale. Ökonomische Benachteiligung beeinträchtigt jedoch häufig die soziale Integration und damit das Wissen und die Fähigkeit zur Mobilisierung und Nutzung von Ressourcen (vgl. Piorkowsyi 2004: 5). So nehmen arme Bevölkerungsgruppen seltener an regelmäßigen sozialen Aktivitäten, wie Sport- und Freizeitgruppen, teil als ökonomisch privilegierte (vgl. BMGS 2005: 55). Meist werden auch Familienunternehmungen bei knappen Haushaltsmitteln nur noch sehr eingeschränkt durchgeführt (vgl. Alt 2004: 2).

3.1.1.4 Subjektive Befindlichkeit und Gesundheit

In der Sozialforschung kann „als gesichert gelten, dass materielle und soziale Armut immer auch Auswirkungen auf die Gesundheit haben" (Butterwegge/ Klundt 2002: 1). Dies zeigt sich bei Kindern in höheren Mortalitätsraten durch Unfälle, dem häufigeren Auftreten akuter und chronischer Krankheiten (vgl. ebd.) sowie Entwicklungsdefiziten, z. B. in Sprache oder Bewegungskoordination, aber auch vermehrtem Übergewicht als Folge von Fehlernährung. Hinzu

kommt eine geringere Teilnahme an Vorsorgeuntersuchungen und Impfungen (vgl. Richter 2005: 1 f).
Doch ist durch Forschungen ebenfalls belegt, dass Eltern und v. a. alleinerziehende Mütter vielfach „versuchen, die armutsbedingten Belastungen soweit wie möglich von ihren Kindern fernzuhalten, indem sie selbst auf vieles (auch auf eigene Nahrung) verzichten" (ebd.: 4).
Auch im psychischen Bereich kann sich ökonomische Unterversorgung niederschlagen: So ist die subjektive Zufriedenheit bei Personen aus dem unteren Einkommensspektrum in vielen Bereichen deutlich geringer als bei finanziell besser gestellten (vgl. Statistisches Bundesamt 2005: 463 f). Kinder in Armutslagen verfügen über ein „deutlich niedrigeres Wohlbefinden (...), was sich in geringerer Lebenszufriedenheit, stärkeren Einsamkeitsgefühlen, größerer Niedergeschlagenheit sowie größeren Ängsten und Sorgen (insbesondere die Zukunft betreffend) niederschlägt" (Butterwegge/Klundt 2002: 2).

3.1.2 Vielfalt der Lebenssituationen und Bewältigungsstrategien

Wie die verschiedenen Befunde zeigen, sind die Einflussfaktoren, die das Ausmaß der Benachteiligung bestimmen, vielfältig – das Einkommen und der Bildungsstand nehmen dabei eine zentrale Stellung ein. Innerhalb der Haushalte mit Niedrigeinkommen sind besondere Risikogruppen überdurchschnittlich stark vertreten, diese verfügen jedoch über sehr unterschiedliche Ressourcen und befinden sich in sehr unterschiedlichen Lebensumständen (vgl. Schwarze/ Mühling 2003: 14).

Aufgrund dieser Heterogenität können keine einfachen Kausalschlüsse über die Wirkungsweisen und Folgen der familialen Einschränkungen gezogen werden. Vielmehr muss unterschieden werden zwischen Familien, die von mehreren Armutsdimensionen betroffen oder in einzelnen Bereichen belastet sind, sowie ‚ausgeglichenen' Familien, bei denen sich die kindliche Entwicklung einschränkende und förderliche Faktoren die Waage halten (vgl. Chassé/Zander/Rasch 2003: 237 f). Dem Ausmaß der Belastungen sowie den elterlichen Ressourcen und Bewältigungsstrategien kommen hier große Bedeutung zu.

3.1.2.1 Benachteiligung, Armutsbelastung und Erziehungskompetenzen

Als wesentliche Faktoren gelingender Elternschaft werden – neben den sozioökonomischen Ressourcen – die Beziehungsqualität der Eltern, die Qualität der Eltern-Kind-Beziehung und persönliche Merkmale gewertet (vgl. Schneider

2002: 17). Dabei führen Armutsrisiken oftmals zu Krisen, die das Familienklima belasten können.

Untersuchungen zeigen, dass die Art und Weise der Stressbewältigung in der Familie eine Vermittlungsfunktion im Hinblick auf die kindliche Entwicklung einnimmt (vgl. Walper 1999: 343 f). Bei der Einschränkung von Ausgaben sind Veränderungen im innerfamilialen Rollensystem als auch im sozialen Status der Familie zu bewältigen, die sowohl die Partnerschaft als auch das Eltern-Kind-Verhältnis belasten können. Eine funktionierende Elternbeziehung hingegen kann auch entlastend wirken. Häufig kommt es zu sich gegenseitig aufschaukelnden Wechselwirkungen, denn „mit zunehmenden Spannungen und Konflikten in der Ehe wird die Erziehungskompetenz der Eltern unterminiert (...) und die damit verbundenen Belastungen der Eltern kommen auch in der Interaktion mit den Kindern zum Tragen" (ebd.: 328). Zusätzlich verstärkend wirken dabei diskriminierende Erfahrungen von außerhalb des Familiensystems.

Bemerkenswert ist in diesem Kontext das Ergebnis einer Längsschnittstudie zur Gewichtung von Risikofaktoren: Zwar hat die ökonomische Armutssituation sehr großen Einfluss auf die Häufigkeit der Entwicklung von Auffälligkeiten bei Kindern. Als der am stärksten wirksame Faktor wurde jedoch das Ausmaß der regelmäßigen gemeinsamen Aktivitäten in der Familie identifiziert. Gemeinsam gestaltete Zeit wird hier „als ein Indikator für Kindzentriertheit oder Zuwendung in der Familie betrachtet (...), die materiell defizitäre Familienbedingungen – insbesondere für Kinder im Vorschulalter – zum Teil kompensieren" können (Hock et al. 2000: 53). Ein gutes Familienklima wird hier als Leistung der Eltern interpretiert, trotz materieller Einschränkungen den Kindern positive Entwicklungsbedingungen zu ermöglichen und mangelnde familiale Interaktion als Risikofaktor, der unabhängig von der sozialen Lage besteht. Insgesamt wird demnach vor allem die Verstetigung von Mangellagen als problematisch gewertet, da die Leistung der Eltern, ihre Kinder vor negativen Folgen der Armut zu bewahren, zunehmend schwerer zu erbringen ist (vgl. Weiß 2004: 4).

In eine ähnliche Richtung weisen aktuelle Befunde des Kinderpanels, nach dem elterliche Erziehungskompetenzen, wie beispielsweise eine kindzentrierte Kommunikation oder die schulische Erfolgsorientierung der Eltern, nicht nur relativ schichtunabhängig verteilt sind, sondern auch eine schützende Wirkung im Kontext benachteiligter Lebenslagen entfalten können (vgl. Geier 2006: 14).

Vorschnelle und vereinfachende Zuschreibungen im komplexen Zusammenspiel von Belastungen und Kompetenzen können vor diesem Hintergrund nicht aufrecht erhalten werden und ein differenzierter Blick auf Benachteiligung und Erziehung erscheint angezeigt.

3.1.2.2 Armutsbelastung und Alltagskompetenzen

Auch eine aktuelle Untersuchung zur haushaltsstilbezogenen Typologie von Familien in prekären Lebenslagen kommt zu der Einschätzung, dass das Unterschreiten einzelner Unterversorgungsschwellen nicht zwangsläufig zu defizitären Lebenssituationen führt. Dies ist der Fall, wenn der Familie entsprechende Bewältigungsstrategien fehlen und Mangellagen kumulieren oder chronisch werden.

Dabei kommen dem Bildungsstand und der Erwerbssituation, aber auch den Alltagskompetenzen Schlüsselrollen zu (vgl. Meier et al. 2003: 308 f). Letztere sind insofern von Bedeutung, da für eine gelungene Alltagsbewältigung nicht nur haushälterisches Wissen und Fertigkeiten, sondern auch zunehmend „Managementqualifikationen" (ebd.: 44) wichtig sind. Auf der Grundlage verschiedener Armutsindikatoren wurden in einer Haushaltsanalyse vier charakteristische Konstellationen von Armut identifiziert. Diese wurden in idealtypische Muster von Familienhaushalten unterteilt, die sich durch eine sehr unterschiedliche Verfügbarkeit von Alltagskompetenzen auszeichnen (vgl. ebd.: 296 ff):

Der Typus der *verwalteten Armen* wird durch das Phänomen generationenübergreifender Armut und Abhängigkeit von staatlichen Transferleistungen sowie meist gering ausgeprägten Alltags- und Erziehungskompetenzen charakterisiert.

Hingegen erzielen die *erschöpften Einzelkämpfer/innen* bei einer überdurchschnittlichen Arbeitsbelastung nur ein geringes Einkommen, was häufig zu chronischen Erschöpfungszuständen führt. Die Einbindung in private oder institutionelle Unterstützungsnetze ist hier gering und bietet kaum Entlastung.

Die *ambivalenten Jongleure/innen* zeichnen sich durch eher inkonsistentes Verhalten aus und trotz z. T. ausreichender Ressourcen kommt es infolge unrationaler Haushaltsentscheidungen oft zur Verschuldung. Aufgrund ausgeprägter Verdrängungsmechanismen wird nur selten versucht, externe Unterstützung zu mobilisieren.

Zumeist alleinerziehende Mütter bilden den Typus der *vernetzten Aktiven*, die über eine überdurchschnittliche Eingebundenheit in soziale Netze verfügen. Auch die Mobilisierung institutioneller Hilfen gelingt gut. Vertreterinnen dieser Gruppe besitzen vielfältige Alltagskompetenzen und persönliche Ressourcen, geraten jedoch bei einem Ausfall wichtiger Netzwerkpersonen schnell in sehr kritische Lebenslagen (für ausführliche Hinweise zur Situation von Alleinerziehenden s. Limmer 2004).

Entsprechend der Unterschiedlichkeit von Belastungen und Ressourcen stellen in einer vergleichenden Untersuchung der Lebensbedingungen armer und reicher Kinder die Autor(inn)en fest, dass sich das Phänomen sozialer Benachteilgung „nicht nach einfachen Denkschablonen bestimmten ‚Problemgruppen' zuordnen" lässt (Hock et al. 2000: VII). Zwar wird Einelternfamilien ein höheres Armutsrisiko bescheinigt, die Forscher(innen) weisen jedoch darauf hin, dass Armut in allen Familienformen vorkommt, denn 60% der Kinder, die unter der 50%-Armutsschwelle leben, wachsen mit beiden Elternteilen auf (vgl. ebd.: 48 f).

Bestimmte Lebensformen sind zwar mit bestimmten materiellen Konsequenzen verbunden, doch zeigen Studien, dass die familiale Lebensform keinen *direkten* Einfluss auf die Entwicklung der Kinder besitzt (vgl. Schneider 2002: 17 f). Auch eine umfassende Untersuchung zu sozialen Kompetenzen von Kindern und Familien kommt zu dem Schluss, „dass die [familialen – M.M.] Probleme durch ein komplexes Zusammenspiel von sozialen, psychischen und biologischen Risikofaktoren entstehen" und „die Zusammenhänge zwischen familiärer Erziehung und kindlichen Verhaltensproblemen wesentlich komplexer sind, als dies manche monokausalen Thesen nahe legen" (Lösel 2005: 22 u. 10).

Unterschiedliche konkrete Lebenssituationen benachteiligter Familien bringen verschiedenen Unterstützungsbedarf mit sich: Je nach dem, können umfassende, systematische Hilfeleistungen für Eltern und Kinder, finanzielle und zeitliche Entlastung, Bildung und Information oder auch die Förderung der sozialen Integration im Vordergrund stehen. Der beschriebenen Mehrdimensionalität der Lebenslagen von armen und benachteiligten Familien muss demnach auch das Angebot der Familienbildung Rechnung tragen.

3.1.3 Mögliche Inhalte einer Familienbildung mit benachteiligten Adressaten

Die verschiedenen Dimensionen von Armut und Benachteiligung beeinflussen sich gegenseitig. Unterschiedliche Ressourcen und Bewältigungsstrategien können Mangellagen abmildern oder aber bei einem Fehlen auch verschärfen: Die Belastungen aus der sozioökonomischen Lage können durch die Eltern-Kind-Beziehung oder eine kompetente Erziehung – zumindest zeitweise – ausgeglichen werden, umgekehrt kann das Familienklima durch Armut auch geschwächt werden.

Die Anerkennung der Wechselseitigkeit der Beeinflussungen ist in zweierlei Richtungen bedeutsam: Zum einen wird dadurch vermieden, Belastungen, die aus struktureller Benachteiligung resultieren, auszublenden oder den ‚mangelnden Bewältigungskompetenzen' der einzelnen Erziehenden anzulasten, diese zu individualisieren. Zum anderen eröffnet sie den Blick auf den handelnden Menschen, das Subjekt ‚hinter' den Strukturen, auf dessen Potenziale und unterschiedliche Kompetenzen, ohne Mütter und Väter auf ihre benachteiligte Lebenslage zu reduzieren und festzuschreiben. Undifferenzierte Defizitzuschreibungen verkennen daher die unterschiedlichen Erfahrungen, Bewältigungsstrategien und auch Bedarfe von Eltern.

Die Verflochtenheit und Komplexität familialer Interaktion spiegelt sich dementsprechend auch in der konkreten praktischen Arbeit mit den Eltern wieder. „Erziehung in der Familie ist eingebettet in einem Komplex von Alltagshandeln" der „das explizite und implizite Verhalten der Eltern in Erziehungssituationen" mitbestimmt (Schiersmann/Thiel 1981: 41 u. 45). Wenn Familienbildung, wie eingangs angeführt, nicht nur auf die Erziehungsleistung von Eltern engführen und entsprechende Reduzierungen vermeiden will, geht es auch in der Umsetzung des Angebots darum, die Wechselwirksamkeiten gemeinsam zu reflektieren. Dies beinhaltet einen thematisch weiten Begriff von Familienbildung mit benachteiligten Adressaten, der verschiedene inhaltliche Ebenen umfassen kann:

- *Angebote zur Verbesserung der alltäglichen Lebenssituation,*
  beispielsweise durch Qualifizierungsmaßnahmen zur Verbesserung der Erwerbssituation oder der Alltagsstrukturierung, durch Sprachförderung sowie Maßnahmen zur Gesundheitsbildung oder durch die Organisation von Aktivitäten zur gemeinsamen Verbesserung des Wohnumfeldes.
- *Angebote, die den Zugang in soziale Netze fördern,*
  und damit Entlastung und Unterstützung ermöglichen. Entsprechend der verschiedenen Funktionen sozialer Hilfestellung können diese Leistungen in konkreten Interaktionen, wie Arbeitshilfen (z. B. die Übernahme von Kinderbetreuung), gegenseitiger Information und Beratung, Geselligkeit (z. B. gemeinsame Freizeitaktivitäten), ritualisierten Alltagsinteraktionen (z. B. gemeinsames Essen) oder auch materieller Unterstützung bestehen. Doch auch der Zugang zu kognitiver und emotionaler Hilfe in Form von Orientierung, Anerkennung, Zugehörigkeit, Trost, Motivation und auch der Erwerb sozialer Kompetenzen kann durch die Integration ins soziale Netz gefördert werden (vgl. Diewald 1991: 70 ff). Im Kontext der Familienbildung ist insbesondere auf Angebote der selbsthilfefördernden Gruppenarbeit und der sozialräumlichen Integration hinzuweisen (vgl. Kap. 4.3).
- *Angebote zur Förderung des familialen Miteinanders,*
  z. B. durch Vermittlung von Informationen und Wissen zum Familienalltag, in Angeboten zur Förderung der Paarbeziehung, der Eltern-Kind-Beziehung, der Erziehungsfähigkeit sowie der Haushalts- und Alltagskompetenzen.

Familienbildung unterscheidet sich für benachteiligte oder privilegierte Familien im Hinblick auf die Unterstützung des familialen Miteinanders und der Erziehung sowie der sozialen Integration nicht grundsätzlich. Insgesamt geht es darum, „Lernfelder" für die „Vermittlung von Daseins- und Sorgekompetenzen, von (Selbst-) Erziehungs- und Beziehungsfähigkeiten, von Kommunikations- und Konfliktfähigkeiten" (Brixius et al. 1999: 5) zu schaffen.

Die wesentliche Aufgabe im Hinblick auf benachteiligte Adressaten besteht vielmehr darin, den Stellenwert von Angeboten explizit zur Verbesserung der allgemeinen Lebenssituation zu erhöhen und diese zu einem selbstverständlichen, sichtbaren, kontinuierlichen und erheblichen Bestandteil des Programms zu machen. Dazu gehört auch, in den Angeboten zur sozialen Integration und zur Förderung des familialen Miteinanders die Besonderheiten armer Lebenssituationen zu berücksichtigen und an diese anzuknüpfen. Beispielsweise kann eine Eltern-Kind-Gruppe mit dem Ritual des – kostengünstigen – gemeinsamen Mittagessens oder gegenseitigem Erfahrungsaustausch mit Informationen zum Thema Arbeitslosigkeit gekoppelt werden (für weitere Hinweise zu konkreten Konzepten s. Kap. 4.3).

Insgesamt gilt zu beachten: Armut, Benachteiligung und soziale Ungleichheit sind gesellschaftsimmanente Phänomene, was die Frage nach der prinzipiellen ‚Lösbarkeit' des Problems durch Bildung aufwirft: Die „Frage, welche Anteile an Identitäts- und Gesellschaftskrisen ‚didaktisierbar' sind, d. h. in einer Veranstaltung der Erwachsenenbildung lernend bearbeitet werden können" (Siebert 2000: 64). Familienbildung kann Armut und Benachteiligung nicht beheben. Sie kann jedoch zur Erschließung von inneren sowie äußeren Ressourcen und Bewältigungspotenzialen beitragen und in diesem Sinne bei der familialen Interaktion, dem Zusammenleben als Familie unterstützend wirken. Der Individualisierung gesellschaftlicher Probleme kann begegnet werden, indem die Gemeinsamkeit der benachteiligten Lebensumstände zum Thema der Bildungsarbeit gemacht wird. In Anlehnung an Strzelewicz kann die Aufgabe von Bildung mit Erwachsenen – und demnach auch mit Eltern – verstanden werden als ein „Forum der Artikulation und Verständigung für alle, die Ängste, Sorgen und Nöte haben, die Einwände haben und Widersprüche, sich zu äußern und zu artikulieren" und als „ein Informationszentrum, eine Lerneinrichtung, um die Probleme verarbeiten zu können" (Strzelewicz zit. n. Faulstich 2005: 293).

Nach diesem äußeren Blick auf die Adressaten und die daraus abgeleiteten Ansatzpunkte für Familienbildung sollen im Folgenden die Bedarfe der Familien selbst genauer untersucht werden, denn „sowohl die organisatorischen Bemühungen als auch die pädagogischen Strategien (...) müssen sich daran messen lassen, inwieweit sie in der Familienwirklichkeit rezipiert werden" (Walter et al. 2000: 22).

3.2 Der Bedarf an Familienbildung aus Sicht von Eltern

„Es sollte mehr Angebote geben, bei denen Eltern bei der Erziehung unterstützt werden" – 53% der Befragten einer repräsentativen Stichprobe von Müttern und Vätern zwischen 18 und 29 Jahren mit bis zu zehnjährigen Kindern stimmten dieser Aussage zu (vgl. Forsa 2005). Immerhin 47% taten dies nicht – ob dies daran liegt, dass das Angebot als ausreichend empfunden wird oder kein elterlicher Unterstützungsbedarf besteht, wurde in der Untersuchung nicht erhoben.

Trotz der undifferenzierten Fragestellung spiegelt das Ergebnis die Ambivalenz wieder, die Familienbildung auszeichnet. Wie in Kapitel 2 aufgezeigt, ist der gesellschaftlich und politisch formulierte Bedarf an Eltern- und Familienbildung groß – die hohen Verkaufszahlen von Erziehungsratgebern scheinen dies auch zu bestätigen. Doch wer sieht Unterstützungsbedarf in welchen Bereichen und in welcher Form?

Wie bereits dargestellt, sind benachteiligte und bildungsungewohnte Teilnehmer(innen) in Einrichtungen der Familienbildung stark unterrepräsentiert (vgl. Kap. 2.3.2). Der Vielzahl öffentlicher Appelle zur vermehrten Berücksichtigung dieser Adressatengruppe steht ein erhebliches Forschungsdefizit gegenüber. So existieren kaum Untersuchungen, die allgemein Auskunft über Bedarfe und Interessen von Eltern im Hinblick auf Familienbildung geben, differenzierte und vertiefende Studien zu benachteiligten Elterngruppen liegen nach Kenntnis der Autorin aktuell nicht vor.

Die repräsentative[16] Elternbefragung zu Beratungsbedarf und Informationsstrategien im Erziehungsalltag (Smolka 2002) enthält einige Hinweise auf Unterschiede und Gemeinsamkeiten bei der Bewertung von Familienbildung nach dem Bildungsstand der Eltern. Die Mehrdimensionalität benachteiligter Lebenslagen wird damit nicht abgebildet, dennoch können die Ergebnisse für einen ersten Einblick in die Fragestellung herangezogen werden.

3.2.1 Allgemeiner Vorrang privater Erziehung und privater Lösungsstrategien

Bei der Bewertung des Verhältnisses von öffentlicher und privater Erziehung votieren Eltern klar für sich selbst als *die* entscheidende Instanz: Fast die Ge-

---

16 Datenbasis waren standardisierte Telefonbefragungen von über 1000 Müttern und Vätern sowie zusätzliche qualitative Leitfadeninterviews. Befragte mit Hauptschulabschluss waren im Vergleich zum Bevölkerungsdurchschnitt unter- und höhere Abschlüsse überrepräsentiert, was gemäß der Autorin die Übertragbarkeit der Ergebnisse zwar etwas, jedoch nicht grundsätzlich einschränkt (vgl. Smolka 2002: 15).

samtheit der Befragten schätzen ihren Einfluss auf die Erziehung ihrer Kinder als sehr groß (84%) oder groß ein (14,5%) (vgl. Smolka 2002: 20). Diese Einstellung zieht sich durch alle Befragtengruppen, lediglich mit zunehmendem Alter der Kinder ist die Zustimmung hierzu rückläufig.

Auch in der Frage der Erziehungsverantwortung sehen sich Eltern an erster Stelle gefordert und werten diese grundlegende Zuständigkeit auch mehrheitlich positiv (vgl. ebd.: 21).

Bezüglich des Einflusses eigener Erziehungserfahrungen geben nur wenige Befragte an, genau so wie oder ganz anders als ihre Eltern erziehen zu wollen. Die Frage nach der Verwertbarkeit eigener Erfahrungen wird demnach nicht so kritisch eingeschätzt, wie vielfach vermutet (vgl. Kap. 2.1.3). Gemäß Smolka zeigt sich darin, dass „auch elterliche Einstellungen gegenüber Vorschlägen und Vorgaben von Außen in hohem Maß von den eigenen Erziehungs- und Kindheitserfahrungen abhängen, was eine kurzfristige Beeinflussung als eher schwierig erscheinen lässt" (Smolka 2002: 24). Auch in der qualitativen Befragung zum Bedarf an Familienbildung wird eine eher distanzierte Haltung deutlich: Nur ein Teil der Eltern hält eine Vorbereitung auf die Elternrolle grundsätzlich für sinnvoll und nötig, der Bedarf wird zudem oft mehr bei anderen als bei sich selbst gesehen (vgl. ebd.: 25 f). Eine Gruppe von Eltern beurteilt die grundsätzliche Erlernbarkeit von Erziehungskompetenzen und damit eine entsprechende Vorbereitung kritisch, vielmehr müsse man in diese Aufgabe hineinwachsen (vgl. ebd.: 26). Die kleine Befragtengruppe, die aufgrund der Vorstellung einer naturgegebenen Erziehungsfähigkeit Familienbildung für sich ausschließt, ist heterogen und „nicht bestimmten gesellschaftlichen Schichten oder Gruppen zuzuordnen" (ebd.: 56).

Wie erleben nun Eltern ihre eigene Situation? Knapp die Hälfte der Befragten geben an, sich im Erziehungshandeln manchmal unsicher fühlen, obwohl sie meist über klare Vorstellungen verfügen. Häufig wird ihnen diese Unklarheit erst im Nachgang der Situation bewusst (vgl. ebd.) – es handelt sich somit um einen reflexiven Prozess. Ein etwa gleich großer Teil der Eltern empfindet sich hingegen selten (35%) oder fast nie (13%) als unsicher in der Erziehung. Nur knapp 5% berichten von häufiger Verunsicherung (vgl. ebd.: 27).

Der Bedarf an professionellen unterstützenden Angeboten erscheint vor diesem Hintergrund als nur wenig ausgeprägt. Zwar geben viele Eltern an, sich Gedanken darüber zu machen, ob sich ihre Kinder ‚normal' entwickeln, jedoch geschieht dies selten auf der Basis wissenschaftlicher Erkenntnisse. Vielmehr bilden Vergleiche mit dem sozialen Umfeld und eigenes Erfahrungswissen den Maßstab für derartige Überlegungen. Auch hier zeigt sich der hohe Stellenwert eigener Erfahrungen und privater Erziehung. „Die meisten Eltern (...) erleben sich als in der Regel kompetente Personen, die täglich versuchen, eine Balance herzustellen zwischen den eigenen Vorstellungen und Erfahrungen und dem, was sie an Bedürfnissen ihrer Kinder, aber auch an Erwartungen der Umwelt wahrnehmen" (ebd.: 29).

Die Einflussnahme von Außen kann daher als unangemessen erlebt werden und dementsprechend ziehen Eltern auch bei erzieherischen Fragen oder Problemen private Lösungen vor: Rat wird vorrangig im sozialen Nahraum bei Partner(inne)n, Freund(inn)en und Verwandten gesucht, erst danach folgen Berufsgruppen wie Lehrer(innen) und Erzieher(innen) sowie Ärzte/innen. Nur wenige der Befragten kontaktieren spezialisierte professionelle Einrichtungen, wie Beratungsstellen oder das Jugendamt. Lediglich 3% berichten davon, im Falle von Informationsbedarf ein Mütter- oder Familienzentrum aufzusuchen (vgl. ebd.: 31)[17]. Auch bei der Frage, von wem es Eltern leicht fällt, erzieherischen Rat anzunehmen, liegen der Partner bzw. die Partnerin mit 95% weit vorne. Jedoch sieht ein sehr hoher Prozentsatz von Eltern ebenfalls keine Schwierigkeit darin, professionellen Rat anzunehmen und Vorbehalte erscheinen nicht weit verbreitet. Das Jugendamt schneidet bei dieser Fragestellung am schlechtesten ab (vgl. ebd.: 33).

Die teils widersprüchlich erscheinenden Angaben können dahingehend interpretiert werden, dass trotz eines hohen *verbalen* Zutrauens in professionelle Unterstützungsleistungen private Lösungsstrategien vorgezogen werden. „Erst, wenn die hier verfügbaren Ressourcen keine ausreichende bzw. nicht die benötigte Hilfestellung oder Beratung erbringen, sind viele Eltern bereit, außenstehende Personen oder Einrichtungen anzusprechen" (ebd.: 32). Möglicherweise impliziert die hohe Bedeutung der elterlichen Erziehung und Verantwortung die Vorstellung, durch eine Inanspruchnahme professioneller Institutionen eigene ‚Defizite' eingestehen zu müssen. Wer hingegen bereits Erfahrung mit professioneller Hilfe gesammelt hat, beurteilt die Unterstützung überwiegend positiv (vgl. ebd.: 33).

3.2.2   Wahrnehmung institutioneller Familienbildung

Bei der Frage nach den Bereichen, in denen Erziehung als schwierig erlebt und Unterstützung von außen gewünscht wird, fällt auf, dass mehr als die Hälfte der Befragten hierauf keine Antwort geben und dies auch im anonymen Telefoninterview privat bleibt (vgl. Smolka 2002: 29).

---

17 Diese Angaben können auch von der Bekanntheit und der Verfügbarkeit einer solchen Einrichtung beeinflusst sein.

Außer der sehr hohen Relevanz von Fragen zu Schule und Ausbildung entsprechen die genannten Themen auch dem üblichen Angebot der Familienbildung (vgl. Kap. 2.3.2). Kombiniert man die Aussagen zu einer leichten Inanspruchnahme und zur Zufriedenheit mit der Form der Hilfestellung, liegen bei den professionellen Einrichtungen wiederum Schule und Kindertagesstätten sowie Ärzte/innen vorne (vgl. ebd.: 35).

Positive Bewertungen erfolgen somit vor allem bei Einrichtungen, zu denen ein alltäglicher Zugang unabhängig von Schwierigkeiten in der Erziehung besteht. Dies spiegelt sich auch bei den genutzten Informationsquellen zu erzieherischen Themen und Angeboten wieder, denn diese sind „Orte und Personen, die im Alltag der Eltern eine wichtige Rolle spielen: Freunde und Bekannte, Arztpraxen, Schule und Kidergarten sowie die Tagespresse" (ebd.: 45).

An erster Stelle der tatsächlichen Nutzung von Familienbildungsangeboten finden sich mit nahezu zwei Drittel der Nennungen die Geburtsvor- und Nachbereitungskurse, gefolgt von Eltern-Kind-Gruppen (43%) sowie Veranstaltungen zum Thema Erziehung und Entwicklung (29%) (vgl. ebd.: 44). Der Übergang zur Elternschaft erscheint demnach als Themenbereich, der Eltern quer durch alle Bevölkerungsgruppen anspricht. Dies verweist wiederum auf die Bedeutung von Angeboten, die sich unabhängig von Problemzuschreibungen an allgemeinen Fragestellungen oder Umbruchsituationen im Leben von Familien orientieren.

Insgesamt ist der Begriff der Familienbildung vielen Eltern nicht geläufig, auch wenn sie konkrete Angebote kennen (vgl. ebd.: 42). Gut ein Drittel der Befragten gibt an, noch nie von einem entsprechenden Angebot gehört zu haben und bildungsbenachteiligte Eltern sind hier überrepräsentiert. Dementsprechend niedriger ist auch das Ausmaß ihrer Teilnahme. Als Begründung für die Nichtteilname wird ebenfalls häufiger von Befragten mit niedrigerer Schulbildung angegeben, dass die angebotenen Themen nicht den eigenen Interessen entsprechen (vgl. ebd.: 43).

Zusammenfassend lässt sich sagen, dass der eigene Bedarf an Familienbildung von vielen Eltern eher zurückhaltend formuliert wird – diese erachten sich zumeist als grundsätzlich kompetent und auch zuvorderst verantwortlich. Auch erzieherische Unsicherheiten führen zunächst nicht zu einer Inanspruchnahme professioneller Angebote, bei Fragen oder Problemen bevorzugen Eltern das private Umfeld. Der Schritt nach Außen wird erst getan, wenn diese Lösungsstrategien nicht mehr greifen. So wirkt das Empfinden eigener erzieherischer ‚Unzulänglichkeit' als Barriere, die relativ unabhängig von der erwarteten Kompetenz der Unterstützungsleistung besteht. Dementsprechend sind vor allem Einrichtungen gefragt, die über einen selbstverständlichen und nicht abwertenden Zugang verfügen. Der Vorrang privater Erziehung ist allgemein verbreitet, bildungsbenachteiligte Eltern unterscheiden sich in dieser Haltung nicht von privilegierten. Dennoch stellt die Furcht, durch die Inanspruchnahme professioneller Unterstützung elterliches Versagen einzugestehen, für benachteiligte Familien eine ungleich höhere Hürde dar: „Da sich die Familien meist defizitär erleben, bestätigt die Annahme jeder Form von Unterstützung dieses Defizit erneut" (Haug-Schnabel/Bensel 2003: 10).

Der Abbau von Teilnahmebarrieren für benachteiligte Familien lässt sich dementsprechend zum einen bei den Zugangsschwellen verorten. Dies gilt sowohl im Hinblick auf einen ‚außerordentlich nicht-stigmatisierenden' Zugang als auch eine verbesserte Bekanntheit von Familienbildung, denn Befragte mit niedrigerem Bildungsstand sind bei der Unkenntnis der Angebote überrepräsentiert. Zum anderen entsprechen die Themen häufiger nicht den Interessen bildungsbenachteiligter Adressaten. Dies ist ein wichtiges Ergebnis für die Auswahl der Inhalte familienbildender Angebote und ein Hinweis auf die enorme Bedeutung weiterführender Bedarfsanalysen explizit bei benachteiligten Adressaten.

Da innerhalb der Familienbildung keine weiteren Untersuchungen zur ‚Nachfrageseite' bekannt sind, werden im folgenden Kapitel Ergebnisse aus der empirischen Erwachsenenbildungsforschung herangezogen, um weitere Einflussfaktoren für eine Inanspruchnahme oder Nicht-Inanspruchnahme von Bildungsangeboten zu identifizieren.

3.3 Ergebnisse der Erwachsenenbildungsforschung zu Bildungsinteressen und -barrieren benachteiligter Adressaten

Die empirische Erwachsenenbildungsforschung befasst sich mit den Bedingungen der allgemeinen und der betrieblichen Weiterbildung. Die Übertragbarkeit von Ergebnissen auf den Bereich der Familie und Erziehung kann deshalb hinterfragt werden. Ein solches Argument wäre, dass sich die Bewertungen von Erwachsenen- und von Familienbildung grundsätzlich unterscheiden.

Trotz aller gebotenen Vorsicht existieren jedoch auch gute Gründe, die für eine Heranziehung von Ergebnissen aus der Andragogik sprechen: Familienbildung ist Teil der allgemeinen Erwachsenenbildung und wird auf Grundlage von Erwachsenenbildungsgesetzen in entsprechenden Einrichtungen umgesetzt. Familienbildung bedient sich dabei zu einem erheblichen Teil erwachsenenpädagogischer Methoden (vgl. Kap. 2.3.1). Die Entgrenzung des Lernens und die Pädagogisierung der Lebensführung sind Prozesse, die auch die Sphäre der Familie und Erziehung erreicht haben (vgl. Kap. 2.1.3). Um möglichen Unterschieden Rechnung zu tragen, werden in der Zusammenschau der Ergebnisse (vgl. Kap. 3.6) die Besonderheiten einer Bildungsarbeit im privaten Bereich der Familie ergänzt und reflektiert.

Ein zweites Argument wäre, dass sich die Lebenssituationen von Eltern und Nicht-Eltern derart grundlegend unterscheiden, dass Erhebungen, die nicht nach Familienstand differenzieren, nicht übertragbar erscheinen. Unbenommen bestehen Unterschiede, ob ein Leben mit Verantwortung für ein Kind geführt wird oder nicht. Die materielle Seite dieser Veränderung wurde in Kap. 3.1.1 bereits dargestellt. Im Hinblick auf die Art und Weise der Ausgestaltung von Familienleben liegen jedoch Ergebnisse vor, nach denen der persönliche Lebensstil auch nach der Familiengründung aufgrund der Trägheit des Habitus (vgl. Kap. 3.5.1) nicht wesentlich verändert wird.

Vielmehr zeigt sich, dass in Familienhaushalten und insbesondere auch der Familienphase die Anzahl und Streuung verschiedener Lebensstile nicht geringer ist als in der gesamten Bevölkerung und „keine Konzentration auf einige wenige ‚familienzentrierte' Lebensstile zu beobachten ist" (Klocke/Spellerberg/ Lück 2002: 75). Die Phänomene, die bei der Bildungsbeteiligung an allgemeiner Erwachsenenbildung zu beobachten sind, einschließlich der identifizierten Barrieren für benachteiligte und bildungsferne Gruppen, besitzen demnach einen hohen Informationsgehalt auch für die Familienbildung.

Dies gilt ebenso für die historisch gewachsenen Zuschreibungen zum Bildungsbegriff, denn bereits in der Geschichte der Erwachsenenbildung waren Ausschlusstendenzen im Hinblick auf benachteiligte Bevölkerungsgruppen wirksam. In der Tradition des deutschen Bildungsidealismus war den anfänglichen „Entwurfsmodellen der Bildungs- und Erziehungsgeschichte (...) gemeinsam, daß sie von denjenigen Gruppen und Schichten formuliert und getragen wurden, die sich (...) vom Aufstieg in die Führungspositionen der Gesellschaft (...) am meisten erhoffen konnten" – den bürgerlichen Klassen (Strzelewicz/ Raapke/Schulenberg 1966: 9 f). Bildungsansprüche wurden dabei auch auf benachteiligte Bevölkerungsgruppen übertragen und das sogenannte „niedere Volk" wurde Adressat einer Bildungsbewegung, in der es jedoch „nicht mehr um Mündigwerden, sondern um Mündigmachen" (Faulstich 2005: 296) ging und die ihre Funktion im „Abbau von Unwissenheit als Quelle von Armut und Not auslösender Lebensführung" (Brödel 1999: 226) sah.

Als später Bildung zum Gegenstand gesellschaftlicher Auseinandersetzungen zwischen bürgerlicher Emanzipationsbewegung und Arbeiterklasse wurde, gelangte auch zunehmend die Perspektive der Adressaten und Teilnehmenden ins Blickfeld. Die ‚Neue Richtung' der Erwachsenenbildung stellte schließlich das „Prinzip der gleichberechtigten Teilhabe aller an der Gestaltung des Bildungsprozesses" (Olbrich 2001: 24) in den Vordergrund, bei dem der Ausbau der Volkshochschulen eine wichtige Rolle spielte. Doch war bereits damals der

Zugang benachteiligter Bevölkerungsgruppen zu den Angeboten der allgemeinen Erwachsenenbildung erschwert (s. u. a. Große 1932 zit. n. Bremer 2005a; Tietgens 1978).

3.3.1 Historische Bildungsforschung: Bildung als Ausschlusserfahrung

Die Frage der Integration verschiedener Bevölkerungsgruppen in Angebote der Erwachsenenbildung und die Reproduktion sozialer Ungleichheit wurde in den 1960er und 70er Jahren zum Gegenstand größerer empirischer Untersuchungen.

Die Göttinger Studie „Bildung und gesellschaftliches Bewusstsein" von Strzelewicz, Raapke und Schulenberg (1966) verdeutlichte den sehr engen Zusammenhang von Weiterbildungsverhalten und Schulbildung und kam zu dem Schluss, „daß sich tendenziell durch Erwachsenenbildung die soziale Bildungsschere weiter öffnet" (Siebert 1994: 61). Herausragend ist die Untersuchung vor allem auch deshalb, da sie nach der Bedeutung und inhaltlichen Füllung des Bildungsbegriffs fragt, denn dieser stellt kein status- oder interessenunabhängiges, „sich selbst einleuchtendes Prinzip" dar (Strzelewicz et al. 1966: 3). Die jeweiligen Bildungsvorstellungen sind vielmehr gesellschaftlich bedingt und „hängen eng zusammen mit den Positionen und Beziehungen von sozialen Gruppen und ihnen zur Verfügung stehenden Möglichkeiten und Interessen, auf Inhalte und Funktion von Bildung Einfluss nehmen zu können" (Bremer 1999: 87).

In den Ergebnissen werden demnach Unterschiede im Bildungsbegriff deutlich: So zeigen „schulmäßig und sozial benachteiligte Gruppen" größere Nähe zu einem eher „sozial-differenzierenden" Verständnis von Bildung, das an das Qualifikationsniveau und die sozialer Position, eben das, „was der einzelne bei sich selbst als Mangel empfindet" (Strzelecicz et al. 1966: 465) gekoppelt ist. Begünstigte Gruppen zeigen hingegen ein eher personal-differenzierendes Bildungsverständnis, das als persönliche Gesinnung verstanden wird (vgl. Barz 2000: 13) und deren Fehlen ein Defizit bedeutet.

So wird Bildung je nach gesellschaftlicher Stellung „als Erfahrung von Ausschluß und Benachteiligung" oder „als Persönlichkeitsreichtum" definiert (Kade/Nittel/Seitter 1999: 58): Als geistige Haltung, die von gesellschaftlichen Unterschieden unabhängig ist, oder als Statuszuweisung, die „nicht auf Begabungsmängel, sondern soziale Bedingungen zurückgeführt" wird (Barz/Tippelt 1994: 135).

Auch die Oldenburger Nachfolgestudie von Schulenberg (1979) bestätigte, dass trotz eines hohen Ansehens von Weiterbildung bei allen Bevölkerungsgruppen die reale Beteiligung benachteiligter Adressaten abnimmt und das Gefühl von Ausschluss dominiert. Gesellschaftlicher Aufstieg durch verstärkte Bildungsaktivitäten erscheint wenig erfolgversprechend.

Die Erkenntnisse aus der Adressatenforschung hinsichtlich der ungleichen Partizipation bildungsbenachteiligter Gruppen an den Angeboten der Weiterbildung bildeten eine wesentliche Triebfeder bei der Entwicklung des Zielgruppenansatzes in den 1970er Jahren, der zum Abbau von Chancenungleichheit beitragen sollte (vgl. Kap. 3.4).

Wie sieht es nun heute hinsichtlich der Beteiligung benachteiligter Bevölkerungsgruppen an Angeboten der Erwachsenenbildung aus?

3.3.2 Aktuelle Daten zu Partizipation und Bildungseinstellungen

Insgesamt bestätigt das ‚Berichtsystem Weiterbildung' bei der allgemeinen Erwachsenenbildung das Phänomen einer zum Teil drastisch abnehmenden Bildungsbeteiligung von Personen, die Merkmale sozialer Benachteiligung (kein oder niedriger schulischer oder beruflicher Bildungsabschluss, niedrige berufliche Stellung, Erwerbslosigkeit) aufweisen (vgl. Kuwan/Thebis 2004: 28 ff). Betrachtet man die Entwicklung seit 1979 speziell nach Schulabschlüssen, so sind in allen Gruppen zunächst ansteigende und im späteren Verlauf wieder rückläufige Tendenzen festzustellen (vgl. ebd.). Dies weist darauf hin, dass das ‚Mischungsverhältnis' der unterschiedlichen Statusgruppen in der allgemeinen Erwachsenenbildung über die Zeit relativ stabil bleibt[18].

Auch bei den subjektiven Einflussfaktoren und Bewertungen von Bildung zeigen sich die bekannten Divergenzen im Kontext sozialer Benachteiligung. Dabei wird „weniger ein Einstellungsmuster gegenüber Weiterbildung allgemein (...) als vielmehr die eigene Haltung dem Lernen insgesamt gegenüber" deutlich (ebd.: 91). Das Ansehen von Weiterbildung wird grundsätzlich positiv beurteilt, doch geht die Zustimmung mit abnehmendem gesellschaftlichem Status deutlich zurück.

Auch die Bewertung von Teilnahmebarrieren wird „besonders stark durch die Schulbildung, die Berufsbildung und die Stellung im Beruf beeinflusst" (ebd.: 98). Diesen Hinderungsgründen kommt ein hoher Stellenwert zu, da positive Äußerungen über Weiterbildung auf der verbalen Ebene nicht zwingend zur tatsächlichen Teilnahme führen (vgl. Kap. 3.2). „Auf individueller Ebene, die handlungsrelevanter zu sein scheint als die allgemeine Einschätzung der Bedeutung der Weiterbildung, kommen im Hinblick auf die Beteiligung an Weiterbil-

---

18 Während der Anstieg zwischen 1979 und 2003 bei niedrigen und mittleren Schulabschlüssen bei jeweils 4% liegt, beträgt dieser bei Personen mit Abitur sogar 6% (vgl. Kuwan/Thebis 2004: 28).

dung entsprechend eher die Weiterbildungsbarrieren zum Tragen" (Kuwan/ Thebis 2004: 100). Gerade bei benachteiligten Adressaten erscheinen diese besonders ausgeprägt:
Der Begründung, dass sich in der *näheren Umgebung* zu wenige Angebote befinden, stimmt z. B. ein erheblich höherer Anteil von Personen ohne Berufsausbildung als mit Hochschulabschluss zu. Dass die Angebote *zu teuer* sind, wird wesentlich mehr von Angehörigen niedriger Statusgruppen geäußert (vgl. ebd.: 98).

Doch nicht nur bei den äußeren Merkmalen eines Bildungsangebots, sondern ebenso im Hinblick auf die Angebotsform und die eigenen Verwertungskriterien kommen Unterschiede zum tragen: Beispielsweise äußern Befragte ohne Berufsausbildung häufiger als Hochschulabsolvent(inn)en, dass ihnen das *Lernsetting* im Kurs nicht entspricht.

Auch bei der Frage nach dem *Nutzen* von Weiterbildung (,bringt mir nichts') urteilen Personen mit niedriger Schulbildung deutlich negativer als mit Abitur (25% vs. 5%), ebenso mehr Personen ohne Berufsausbildung als Hochschulabsolvent(inn)en (28% vs. 5%) und mehr Arbeiter als Beamte (26% vs. 6%) (vgl. ebd.).

Schließlich weisen die Aussagen zu den persönlichen Lerndispositionen auf besondere Zugangsbarrieren benachteiligter Adressaten hin: Sie geben häufiger an, zum Lernen einen *Anstoß von außen* zu brauchen (vgl. ebd.: 99) und auch das *Zutrauen* in die eigene Lern- und Leistungsfähigkeit (,Wenn ich etwas Neues lernen soll, frage ich mich oft, ob ich es auch schaffen werde') ist deutlich geringer ausgeprägt (vgl. ebd.: 100).

Die Ergebnisse ergänzen und präzisieren die bereits aus der Befragung zur Familienbildung (vgl. Kap. 3.2) gewonnenen Erkenntnisse im Hinblick auf die besondere Bedeutung, die sowohl strukturelle als auch subjektive Bildungsbarrieren für benachteiligte Bevölkerungsgruppen besitzen.

Ähnlich dem grundsätzlich positiven Image von Erwachsenenbildung ist auch in der Befragung von Smolka (2002) die Einschätzung des prinzipiellen Wertes von Familienbildung – und auch die Abgrenzung davon – nicht nur bestimmten gesellschaftlichen Gruppen zuzuschreiben. Bei der Angabe von Hinderungsgründen sind hingegen benachteiligte Adressaten überrepräsentiert: Die fehlende Kenntnis von familienbildenden Angeboten sowie die geringere Übereinstimmung mit den eigenen Interessen (vgl. Kap. 3.2) korrespondieren mit den Aussagen des eingeschränkteren Zugangs zur Infrastruktur und den niedrigeren Nutzenerwartungen bei der Erwachsenenbildung. Zusätzlich wird deutlich, dass neben geringen äußeren Ressourcen, z. B. in Form ausreichender finanzieller Mittel, ebenso ,innere' Ressourcen, wie Eigenaktivität oder Zutrauen in die eigene Lernfähigkeit, für benachteiligte Adressaten weniger verfügbar scheinen.

Vergleicht man die aktuellen Daten mit den Ergebnissen der historischen Studien aus den 1960er und 1970er Jahren, so erscheint sich die soziale Selektivität der Erwachsenenbildung als relativ veränderungsresistent zu erweisen. Dennoch lassen sich in der Bildungsarbeit Ansätze finden, die sich an benachteiligte Adressaten wenden und Zugangsbarrieren senken wollen. Das prominenteste theoretisch-didaktische Konzept stellt dabei der Zielgruppenansatz dar. Innerhalb der Erwachsenenbildung gehören Adressaten, Zielgruppen und Teilnehmer zu den Kernbegriffen der wissenschaftlichen Disziplin. Auch in der Familienbildung ist der Terminus der Zielgruppen gebräuchlich – hier jedoch meist ohne genauere inhaltliche Bestimmung. Eine theoretische Füllung des Zielgruppenbegriffs ist aber unabdingbar, da das Konzept und seine Entwicklungen auf Widersprüche und Schwierigkeiten einer Spezialisierung auf benachteiligte Adressatengruppen hinweisen. Die Erfahrungen mit dieser Form der Bildungsarbeit bilden somit einen guten Reflexionshintergrund für eine Familienbildung, die sich vermehrt für benachteiligte Familien öffnen will.

3.4 Der Zielgruppenansatz als theoretisch-didaktisches Modell der Bildungsarbeit mit sozial Benachteiligten

Betrachtet man institutionalisierte Erwachsenenbildung unter dem Fokus der Teilnehmenden und konzentriert sich dabei wiederum auf benachteiligte Bevölkerungsgruppen, landet man unweigerlich bei den theoretischen und didaktischen Konzepten der Adressatenorientierung, der Teilnehmerorientierung (vgl. z. B. Breloer/Dauber/Tietgens 1980 und Tietgens 2001) und v. a. der Zielgruppenorientierung bzw. des Zielgruppenansatzes.

Die verschiedenen Begrifflichkeiten werden in der andragogischen Literatur häufig wenig trennscharf, z. T. sogar synonym verwendet. Hinter den einzelnen Konzepten verbergen sich zwar grundsätzlich ähnliche, weil subjektorientierte, bei genauerer Betrachtung aber durchaus differente Ansätze. Für Tietgens beispielsweise stellt die Adressatenorientierung den Oberbegriff zur Zielgruppenorientierung dar. Die Arbeit mit Zielgruppen bedeutet für ihn die „konsequente Form der Adressatenorientierung" (Tietgens 1977: 285). Hingegen betrachtet Schäffter die Zielgruppenorientierung als Vermittlungsinstanz zwischen Adressatenorientierung in der Planungsphase und Teilnehmerorientierung in der Durchführungsphase (vgl. Schäffter 1981: 13). In einer Zusammenschau spricht Mader von Adressatenforschung, Zielgruppenentwicklung und Teilnehmerorientierung als einem „Begriffstrio" (Mader 1990: 2), mit welchem ähnliche bis gleiche Definitionen und Konzepte überschrieben werden. Bisweilen wird selbst die Lebensweltorientierung (vgl. Kap. 4.2) als begriffliches Äquivalent gebraucht (z. B. Breloer 1979: 1 ff).

Diese Unschärfen bleiben nicht ohne Konsequenzen, so spricht Kempkes z. B. davon, dass der Begriff der Teilnehmerorientierung inzwischen zu einer ‚Leerformel' geworden ist (vgl. Kempkes 1987: 9) und Schäffter wiederum bezeichnet den Zielgruppenbegriff als einen ‚Modebegriff' der ebenfalls Gefahr laufe, zu einer Leerformel zu verkommen (vgl. Schäffter 1981: 20). So ‚verwaschen' und vielgestaltig die Begrifflichkeiten und ihr Verhältnis zueinander auch beschrieben und gebraucht werden, liegen den einzelnen theoretischen und didaktischen Konzepten an sich durchaus unterschiedliche Sichtweisen, theoretische Begründungslinien und erwachsenenpädagogische Intentionen zugrunde (vgl. u. a. Schiersmann 1984: 12).

Im Rahmen der vorliegenden Abhandlung wird der Zielgruppenorientierung besondere Aufmerksamkeit geschenkt, da mit ihr „als einem innovatorischen erwachsenenpädagogischen Handlungsfeld primär sozial- und bildungsbenachteiligte Gruppen angesprochen werden sollen, die auch selbst ihre Lebenssituation als belastend empfinden" (Schiersmann/Thiel/Völker 1984: 9). Die Vertreter(innen) dieser Sichtweise sind sich durchaus bewusst, dass das damit verbundene Bildungsverständnis über die klassischen Aufgabenverständnisse und -beschreibungen von Erwachsenenbildung hinausführt und diese dadurch in die Nähe von Sozialarbeit, Beratung und Therapie rücken lässt (vgl. ebd. und Thiel 1984: 43 ff; Kap. 2.2.2). Generell zu bedenken ist, dass eine Zielgruppe ein Konstrukt derer ist, die sie als Zielgruppe definieren und somit Menschen in Gruppen klassifizieren. Dies geschieht zumeist über die Betonung einer so genannten Leitdifferenz im Sinne Luhmanns (z. B. Alter, Geschlecht, Staatsangehörigkeit), wobei weitere Persönlichkeitsmerkmale vernachlässigt werden (vgl. Siebert 2000: 93). Inzwischen ist der Begriff der Zielgruppe seit Jahrzehnten zu einem zentralen makrodidaktischen Leitbegriff der Erwachsenenbildung geworden (vgl. Schiersmann 2001b: 344), der auch in der Familienbildung aufgegriffen wurde (vgl. Kap. 2.1.2) und immer noch wird. Ein aktuelles Beispiel ist die Forderung im jüngsten Kinder- und Jugendbericht: „Durch zielgruppenadäquate Angebote sollte die Attraktivität einer Inanspruchnahme für möglichst viele Familien erhöht werden (...), insbesondere bei bildungsmäßig und sozial benachteiligten Familien" (BMFSFJ 2005a, 28).

Der Zielgruppenansatz entwickelte sich Ende der 1960er bzw. zu Beginn der 1970er Jahre in der Bundesrepublik Deutschland. Seine Entstehung und ‚Popularität' ist „von der gesellschafts- und bildungspolitischen Konstellation dieser Zeit nicht zu trennen" (Schiersmann 1984: 13). Historisch betrachtet lassen sich verschiedene Phasen und damit verbundene Verständnisse und Intentionen des Zielgruppenansatzes herausarbeiten und beschreiben. Schiersmann identifiziert drei verschiedene Ausprägungen (vgl. ebd.: 13-15), wohingegen Gieseke insgesamt vier Phasen beschreibt (vgl. Gieseke 1990: 76-83). Die Überschriften nachfolgend dargestellter Phasen entsprechen der Kategorisierung Giesekes.

3.4.1 Zielgruppenarbeit als Beitrag zur Demokratisierung der Gesellschaft

Auf Grundlage der sich seit Mitte der 1960er Jahre durchsetzenden Erkenntnis (vgl. Kap. 3.3), dass die Chancen hinsichtlich der Beteiligung an Weiterbildungsangeboten ungleich verteilt waren und man später in diesem Kontext auch vom „Mittelstandscharakter" der Institutionen sprach (Gieseke 1990: 77), sollte die Motivation benachteiligter Gruppen durch die Berücksichtigung ihrer spezifischen Lebenslagen gefördert und dadurch Chancengleichheit erreicht werden. Die diagnostizierte mangelnde gesellschaftliche Interessensdurchsetzung oder Diskriminierung bestimmter Bevölkerungsgruppen, z. B. von Ausländer(inne)n oder Frauen, sollten mit Hilfe von Bildungsprozessen von den Benachteiligten selbst erkannt, analysiert und im Anschluss daran aktiv und politisch verändert werden. Bildung sollte demnach bestimmte Gruppen in den Stand versetzen, „ihre Lebensbedingungen zu analysieren, auf ihre Lage hinzuweisen, ihre Interessen zu artikulieren und durchzusetzen" (ebd.). Die Betroffenen sollten sich von der Einschätzung, ihre benachteiligte Lebenssituation selbst verschuldet zu haben, lösen und statt dessen die gesellschaftlichen Bedingungen als ursächlich begreifen lernen.

Ziel hierbei war, kollektiv (z. B. in Form von Bürgerinitiativen) gegen die herrschenden benachteiligenden Bedingungen zu kämpfen und letztendlich gesamtgesellschaftliche Veränderungen zu bewirken. So wurden in diesem Verständnis der Zielgruppenorientierung „Bildung und gesellschaftliches Handeln zusammengedacht" (ebd.: 78). Oder anders formuliert: „politisches Handeln wird zum Gegenstand und Ziel organisierter Lernprozesse, (...) Bildung und Aktion, Lernen und Handeln werden als integrierte Prozesse betrachtet" (Schiersmann 1984: 14). Man spricht in diesem Zusammenhang auch von einer „konfliktorientierten Erwachsenenbildung in der Gemeinwesenarbeit" (Breloer 1979: 3). Auch in der Familienbildung wurde politisches Handeln mit Elternbildung verbunden (s. u. a. Claußen 1979; Kap. 2.1.2).

Aufgrund dieser vorrangig handlungsorientierten und nicht mehr primär reflexiven Auslegung von Erwachsenenbildung wurde die Zielgruppenarbeit für verschiedene Institutionen zu einer Gratwanderung. Einerseits sah man darin die Chance, „kritische Erwachsenenbildung" zu ermöglichen (Gieseke 1990: 78), anderseits galt es einer zu starken Politisierung von Erwachsenenbildung entgegenzuwirken, da dies mit der Gefahr von politischen – und damit beispielsweise auch finanziellen – Sanktionen einherging. Zudem beinhaltet diese Auslegungsform der Zielgruppenarbeit die Gefahr, dass „Erwachsenenbildung zum Surrogat für politisches Handeln wird" (Schiersmann 1984: 15).

3.4.2 Pädagogische Auslegung der Zielgruppenarbeit

Auch dieser Ausprägung des Zielgruppenansatzes liegt die Erkenntnis zugrunde, dass bestimmte Bevölkerungsgruppen nicht gleichermaßen an Veranstaltungen der institutionalisierten Erwachsenen- und Weiterbildung partizipieren und als benachteiligte Gruppen zu begreifen sind. Die Institutionen versuchten eine Grenzlinie zwischen Aufklärungsarbeit einerseits und politischem Handeln andererseits zu ziehen, um damit „institutionelle Gefährdungen der Zielgruppenarbeit" zu umgehen (Gieseke 1990: 78). „Bildungsarbeit durfte zwar kritische Aufklärungsarbeit leisten, aber sie durfte nicht zum unmittelbaren politischen Handeln anleiten. Handlungsanleitendes Lernen (...) wies man zurück, die innere Zensur in den Institutionen begann" (ebd.: 79).

Als besonders kritisch betrachtet die Wissenschaftlerin den Prozess, in welchem aus gesellschaftlich diskriminierten Menschen nach und nach „Bildungsbenachteiligte" (ebd.) wurden, in denen man ihnen bestimmte Defizite zuschrieb. Problematisch ist dabei auch, dass die „Bestimmung von Zielgruppen je nach dem gesellschaftlichen Bezugsrahmen dessen variiert, der die Zuschreibung von sozialen Defiziten vornimmt" (Schiersmann 1984: 14). Die Gefahr eines dergestalt modifizierten Verständnisses von Zielgruppenarbeit liegt auf der Hand: Wird bei diagnostizierten Defiziten angesetzt, so werden die angesprochenen, potenziellen oder tatsächlichen Teilnehmer(innen) gegenüber anderen, nicht-defizitären, ‚normalen' (wer auch immer das festlegen mag) Menschen als ‚mangelhaft' begriffen. Damit geht unweigerlich die Gefahr gesellschaftlicher Stigmatisierung einher.

Im Kontext dieser zweiten Auslegung der Zielgruppenarbeit ist auch das von Mader und Weymann (1979) entwickelte Phasenmodell zur zielgruppenorientierten Programmplanung angesiedelt. Den Autoren zufolge müssen einerseits die Institutionen normativ soziale Defizite bestimmen, andererseits erscheint es jedoch unabdingbar, dass die so genannten Bildungsbenachteiligten selbst aufgrund ihrer eigenen, subjektiv erlebten Problemsicht eine Motivation entwickelt haben, sich auf institutionalisierte Lernprozesse einzulassen. Man ging davon aus, dass das „generalisierte Wissen der PädagogInnen nicht ausreicht, um die Lebenswelt der TeilnehmerInnen in einer für den Lernprozeß fruchtbaren Weise zu antizipieren" (Gieseke 1990: 79). Aus diesem Grund zielte das Konzept von Mader/Weymann darauf ab, die für die Zielgruppenarbeit notwendige andragogische Antizipation von Bildungsbedürfnissen und -bedarfen in der Planungsphase einerseits und anderseits eine aktive Partizipation der tatsächlich Teilnehmenden im Kursverlauf zu ermöglichen. Es ging dabei jedoch nicht mehr um die Demokratisierung der Gesellschaft, sondern vielmehr um die Demokratisierung des Bildungsprozesses an sich (vgl. ebd.).

Zunächst geht die Weiterbildungseinrichtung von bestimmten, angenommenen Defiziten ausgewählter Zielgruppen aus, wobei die Zielgruppe an sich in diesem Schritt nichts zur Bestimmung beiträgt (Schritt 1). Im zweiten Schritt des Planungskonzeptes geht es um die Beschreibung der äußeren Rahmenbedingungen. Das zu ‚behebende Defizit' muss möglichst genau erfasst werden, die Einrichtung soll sich deshalb intensiv mit den Lebensbedingungen der Zielgruppe auseinandersetzen und notwendige Rahmenbedingungen des Bildungsangebotes, wie zeitliche und finanzielle Ressourcen der Zielgruppe und sinnvolle Werbestrategien, abklären. In der nächsten Phase (Schritt 3) geht es dann um die Antizipation von Lernbedingungen. Wichtig ist hierbei die Frage, warum die Zielgruppe bisher keine Angebote der Institution wahrgenommen hat. Sind die Lernbarrieren auf Seiten der Zielgruppe, z. B. aufgrund von Sprachproblemen, oder auf Seiten der Institution, z. B. im Image der Einrichtung oder unbewussten Vorurteilen der Zielgruppe gegenüber, oder auf beiden Seiten zu verorten? Erst in Schritt 4 erfolgt die direkte Kontaktaufnahme zur Zielgruppe, denn dann geht es um die Institutionalisierung eines konkreten Themas. Dabei wird das Angebot als ‚Probeangebot' verstanden, dessen Übereinstimmung mit den realen Bedürfnissen und Bedarfen der Zielgruppe noch überprüft werden muss. Dies geschieht in einem Prozess der Verhandlung um den Verwertungszusammenhang (Schritt 5). Die subjektiven Deutungen der Zielgruppe, ihre tatsächlichen Erwartungen und Lernbegründungen sollen nun in das Bildungsangebot integriert werden. Im letzten Schritt (6) erfolgt die Umformulierung der ursprünglichen Defizit-Definition in eine Lernzieldefinition, wobei das Defizit unter Partizipation der Teilnehmenden zu Lernzielen umformuliert wird (vgl. Mader/ Weymann 1979: 346-376).

Das vorgelegte Modell ist als idealtypisches Konstrukt zu verstehen, dessen vollständige Umsetzung in der Praxis häufig an zeitlichen, personalen oder anderen Gegebenheiten und Rahmenbedingungen scheitert. Zu kritisieren ist zudem, dass „die subjektiven Interpretationen von Wirklichkeit durch die Teilnehmer als ausschlaggebende Instanz von Lernzielen" angesehen wird und deren „sozialhistorische und gesellschaftliche Entstehungsbedingungen nicht mehr kritisch reflektiert" werden (Schiersmann 1984: 16).

3.4.3 Zielgruppenarbeit als Organisationsfolie

In diesem Verständnis von Zielgruppenarbeit geht es vorrangig um die Homogenisierung von Lerngruppen, wobei man lernpsychologisch begründet davon ausgeht, das dies zu einer Steigerung der Lerneffizienz führt. Schiersmann geht davon aus, dass dieses Modell in der Praxis sehr weit verbreitet ist (vgl. Schiersmann 1984: 13), da dadurch die gezielte Planung und Organisation von Bildungsangeboten sowie die dazugehörige Öffentlichkeitsarbeit für die Institutionen erleichtert wird.

Zielgruppenorientierung wird somit zur pädagogischen Organisationsform, die, mit marktorientierten Angeboten bestückt, bestimmte homogene Gruppen mit (vermuteten) homogenen Bildungsbedürfnissen und Interessenslagen gezielt und effizient anspricht. Die Zielgruppenarbeit unterscheidet sich dann „nur noch organisatorisch-methodisch von anderen marktorientierten Angeboten" (Gieseke 1990: 81), ein politisch-emanzipatorischer oder zumindest aufklärerischer Anspruch ist dabei nicht mehr zu erkennen.

3.4.4 Zielgruppenarbeit als Mittel zur Sozialpädagogisierung und politischen Instrumentalisierung

Diese Phase der Nutzung des Zielkonzeptes verläuft nach Gieseke parallel zur dritten Phase und „gibt sich den Anschein einer aktuellen inhaltlichen Reformulierung des Zielgruppenansatzes" (Gieseke 1990: 82). Ihrer Analyse zufolge werden so genannte ‚Problem- oder Randgruppen' bildungspolitisch als solche diagnostiziert, weil sie einerseits auf den Arbeitsmarkt drängen, andererseits dort faktisch aber wenig Chancen haben. Angebote für diese Gruppen von Menschen können jedoch leicht einen legitimatorischen instrumentellen Charakter für den Staat erhalten. Als Beispiel nennt sie Sonderprogramme wie ‚Start nach 35' oder ‚Ältere Frauen ab 60', die, wenn überhaupt, nur berufsvorbereitenden Charakter haben und tatsächlich in der Realität nur zur Verlängerung einer undefinierten Übergangszeit führen. Bildungsangebote werden dann zur „Betreuungs- und Befriedungsarbeit", sie werden zu „Aufbewahrungsorten für diejenigen, die die Selbstaktivität in dem gesellschaftspolitisch geforderten Sinne nicht realisieren können, um zu ihrem Recht zu kommen" (ebd.). Die häufig damit einhergehende Sozialpädagogisierung hat den Zweck, politisches Konfliktpotenzial zu entschärfen: Gesellschaftliche Probleme wurden individualisiert, indem sie „der Sozialpädagoge zu Erziehungsaufgaben umformuliert" und gleichzeitig „die Schäden ausbessert, die dem Einzelnen dabei immer wieder zugefügt werden" (Mollenhauer 1979: 19).

Im Kontext der Familienbildung ist diese Phase des Zielgruppenansatzes nur indirekt von Interesse, da sie sich hauptsächlich auf berufliche Fördermaßnahmen bezieht. Wie in den späteren Ausführungen zur Adressatenforschung (vgl. Kap. 3.5.2) jedoch noch gezeigt werden wird, stellen derartige Programme für benachteiligte soziale Milieus oft die einzige Bildungsveranstaltung dar, die sie als Erwachsene kenngelernt haben und besitzen vor diesem Hintergrund Relevanz.

3.4.5 Aktuelle Bedeutung des Zielgruppenansatzes

Wie die vorangegangenen Ausführungen zeigen, ist der Zielgruppenansatz kein widerspruchsfreies Konzept der Bildungsarbeit. Lagen seine Ursprünge vornehmlich in der Demokratisierung von und durch Erwachsenenbildung, indem alle sozialen Schichten gleichermaßen Zugang zu Bildung erhalten und Benachteiligung durch Weiterbildungsangebote kompensiert werden sollte, so zeichnete sich im Laufe der Zeit ein normativer Wandel ab. „Betrachtet man die vier voneinander unterschiedenen Phasen als eine zeitgeschichtliche, wenn auch idealtypisch nachgezeichnete Abfolge, dann können wir von Stufe zu Stufe einen zunehmenden Kalmierungs- und Domestizierungsprozeß beobachten, der sich in der vierten Phase genau in das Gegenteil dessen verkehrt hat, was bei der konzeptionellen Idee beabsichtigt war" (Gieseke 1990: 83).

Das Wiederaufgreifen des Zielgruppenbegriffs in der Familienbildung kann demnach nicht ohne Reflexion und Verortung, welche Intention damit verfolgt werden soll, geschehen. So bieten die Erfahrungen aus dem Zielgruppenansatz wertvolle Hinweise auf die Gefahr von Defizitzuschreibungen, wie sie sich im Spannungsfeld der Bildungsarbeit mit benachteiligten Adressaten ergeben. So werden z. T. steigende Zahlen verhaltensauffälliger Kinder und zu geringe Unterstützungsleistungen der Eltern in schulischen Belangen im Kontext von „Beziehungs- und Erziehungsdefiziten" genannt, bei denen der Mangel an ökonomischen Ressourcen eine wesentliche Rolle spielt (vgl. Wissenschaftlicher Beirat für Familienfragen 2005: 5 u. 15). Kritiker(innen) einer solchen Darstellung warnen hier vor möglichen Verkürzungen und beanstanden eine Individualisierung gesellschaftlicher Problemlagen, indem benachteiligte Familien für die in Deutschland festgestellte Kopplung von Bildungserfolg und sozialer Herkunft verantwortlich erklärt oder Alleinerziehenden aufgrund ihres besonders hohen Armutsrisikos mangelnde Erziehungsleistungen zugeschrieben würden. „Folge dieser Sichtweise ist eine Verschiebung der Verantwortung: Anstelle einer Armutsbekämpfung und Verbesserung der Rahmenbedingungen (...) wird ihnen mangelnde Bewältigung der Belastungen unterstellt" (VAMV 2005: 8).

Für die Familienbildung stellt sich vor diesem Hintergrund die Frage, wie sie sich für benachteiligte Familien öffnen kann, ohne dass Abwertungen und Stigmatisierungsprozesse zum Tragen kommen. So erscheint die Auseinandersetzung mit Umbrüchen in Lebensläufen und mit geteilten und als reflexionsbedürftig wahrgenommenen Lebensumständen als Alternative zur Fokussierung sozialer und erzieherischer Defizite.

Eine weitere Frage, die sich im Zusammenhang mit dem Zielgruppenansatz ergibt, ist die beschriebene Tendenz der Individualisierung von Lebensläufen und Lebenslagen (vgl. Kap. 2.1.3), die u. a. zu der Einschätzung führte, dass der Mensch sich zunehmend aus eindeutig festzumachenden Bezügen und eindeutigen Zugehörigkeiten löst, weshalb eine Verortung des Einzelnen in einem Kollektiv tendenziell immer schwieriger wird. Die Bedeutsamkeit gesellschaftlicher Bezugsgruppen als Orientierungspunkt für individuelles und kollektives Lernen und somit in der Konsequenz auch zur Konstituierung von Zielgruppen hat sich damit deutlich reduziert. Dieser gesellschaftliche Prozess wird als ein Begründungsstrang für die zunehmende Stagnation einer didaktischen, konzeptionellen sowie theoretischen Weiterentwicklung des Zielgruppenansatzes in den 1980er Jahren gesehen.

Vor diesem Hintergrund etabliert sich aktuell in der Erwachsenenbildung ein Forschungsansatz, der durch die theoretische und empirische Verschränkung objektiver Lebenslagen und subjektiver Lebensstile auch innerhalb einer pluralisierten Gesellschaft soziale Strukturen und geteilte Lebensumstände als Grundlage für Bildungsangebote ausmachen will: Das Konzept sozialer Milieus.

3.5 Bildung und Lernen aus Perspektive benachteiligter sozialer Milieus

Die zunehmende Individualisierung und Pluralisierung von Lebensstilen in modernen Gesellschaften führt zu einer Steigerung der individuellen Optionen, die eigene Biografie zu gestalten. Der starke und nachhaltige Zusammenhang von sozialer Herkunft und Bildungsbeteiligung im Sinne unzureichend verwirklichter Chancengleichheit sowie unterschiedlicher Bildungsbegriffe (vgl. Kap. 3.3) verweist jedoch auf die Frage, inwieweit Subjekte tatsächlich frei sind, zu wählen.

Im Hinblick auf die Gestaltung von Bildungsangeboten wird mit dem Konzept ‚sozialer Milieus' ein integrativer Ansatz vorgestellt, der den Schwierigkeiten der Ausdifferenzierung von Lebenslagen in einer pluralisierten Gesellschaft Rechung trägt. Indem er sowohl die soziale Lage als auch Lebensstile berücksichtigt, werden somit „weder hierarchische Strukturen geleugnet, noch die

Individualisierung von Lebensläufen in Frage gestellt" (Tippelt/Hippel 2005: 34).

3.5.1 Das Konzept des Habitus als Verschränkung von sozialer Lage und Lebensstil

In den 1980 Jahren wurde durch den französischen Soziologen Pierre Bourdieu ein Konzept etabliert, das in der Kategorie des ‚Habitus' objektive Lebenslagen und subjektive Einstellungen verschränkt.

Die subjektive Dimension in Gestalt des Lebensstils bezeichnet die individuell ausgeführte, jedoch in Subgruppen geteilte Organisation und Gestaltung der alltäglichen Lebensführung. Die gesellschaftliche Modernisierung ermöglicht es, trotz objektiv ähnlichem Lebensstandard unterschiedliche Lebensstile zu entwickeln. Jedoch steigt gemäß Bourdieu (1987) die Vielfalt der Optionen mit dem sozioökonomischen Status, da die individuellen Gestaltungsspielräume größer werden – dies schlägt sich sowohl in einer unterschiedlichen Ausstattung als auch unterschiedlichen Nutzung von Ressourcen nieder. Die heterogenen sozialen Lagen wirken auf die Formen der Lebensführung und bilden dabei spezifische Strukturen aus – den Habitus. Dieser besitzt die eigenständige Funktion, Verhaltensweisen und Bewertungen in Form von Lebensstilen zu systematisieren, indem Routinen und Auswahlkriterien zur Entlastung für alltägliche Entscheidungen ausgebildet werden (vgl. Klocke/Spellerberg/Lück 2002: 73). Diese Doppelfunktion wird im Terminus „strukturierende (...) und strukturierte Struktur" deutlich (Bourdieu 1987: 279). Bremer beschreibt diese Ambivalenz wie folgt:

„Die Lebensweise ist weder ein rein passiver ‚Reflex', der die äußeren (objektiven) Lebendbedingungen einfach wiederspiegelt und sich ihnen anpaßt, noch werden sie aus dem rein subjektiven Wollen (‚jenseits von Klasse und Schicht') völlig frei gewählt. Vielmehr handelt es sich gewissermaßen um aktive Antworten auf die ‚objektive Lebenslage', die darauf gerichtet sind, die verschiedenen Alltagsanforderungen – Arbeit, Freizeit, Familie, Freunde usw. – zu bewältigen. In diesen ‚aktiven Antworten', hinter denen sich (...) der Habitus (...) verbirgt, sind Passives und Aktives (‚Objektives' und ‚Subjektives') miteinander vermittelt" (Bremer 1999: 31).

Diese spezifischen Strukturen können in Milieus zusammengefasst werden, d. h. in soziale Großgruppen, für deren Konstituierung „sowohl die soziale Lage als auch der alltagsästhetische Lebensstil ausschlaggebend" sind (Barz 2000: 24). Wo sich die einzelnen Milieus innerhalb einer Gesellschaft befinden, wird nach Bourdieu zweidimensional durch das ökonomische Kapital – die Verfügbarkeit von Geld – und das kulturelle Kapital – dem Zugang zu Bildung – bestimmt.

Die gesellschaftliche Position steht im Verhältnis zu den anderen Akteuren und Gruppierungen im sozialen Raum und ist demnach von unterschiedlicher Machtverteilung geprägt. Verschiedene materielle und kulturelle Ressourcen bedingen wiederum unterschiedliche soziale Handlungsressourcen und Strategien der Milieus, die herkunftsbedingt vermittelt werden und sich in „bestimmten Formen des Auftretens und Sprechens, des Umgangs, des Geschmacks oder der Allgemeinbildung, bei den oberen Milieus ganz besonders die mühelose Selbstverständlichkeit der kulturellen Formen, die Selbstsicherheit und die Orientierung im Feld" (Vester 2004: 33) niederschlagen.

Auch wenn diese Strukturen den Akteuren kaum bewusst sind, wirken sie dennoch handlungsleitend, denn „Menschen haben in der Regel ein feines Gespür für den Rang, der ihnen in unterschiedlichen Kontexten zugewiesen wird und den andere inne haben; sie fügen sich fraglos in eine bestehende Ordnung ein, die sie im Zweifelsfall kaum explizit machen können" (Wittpoth 2005: 27). Dieses kulturelle Erbe wirkt wiederum selektiv auf die Zugangsmöglichkeiten und „ist so ausschlaggebend, daß auch ohne ausdrückliche Diskriminierungsmaßnahmen Exklusivität garantiert bleibt, da hier nur ausgeschlossen scheint, wer sich selbst ausschließt" (Bourdieu/Passeron 1971: 44).

In Konkurrenz um das gesellschaftliche Kapital haben die verschiedenen Milieus unterschiedliche Strategien entwickelt: „Die herrschenden Gruppen versuchen durch ‚Distinktion' dem eigenen Lebensstil die Aura der Höherwertigkeit und Legitimität zu verleihen, die mittleren Gruppen des Kleinbürgertums wollen den ökonomisch und kulturell überlegenen Gruppen nacheifern, und die Arbeiterschaft entfaltet einen eigenen Lebensstil und Geschmack, die dem Diktat der Notwendigkeit unterworfen sind" (Barz/Tippelt 1994: 137). Für die letztere Gruppe stehen deshalb pragmatische „Anwendungs- und Verwertbarkeitsmöglichkeiten" (Bremer 1999: 76) von Bildung im Vordergrund. Die vielbeschriebene Nutzenorientierung unterer Milieus stellt demnach eine plausible Konsequenz ihrer sozialen Lage dar, wird jedoch oft als defizitäres Bildungsverständnis abgewertet. Bourdieu fordert aus diesem Umstand heraus eine differenzierte, quasi ‚milieusensible' Pädagogik, da sich hinter nicht sichtbaren Bildungsinteressen häufig latente Ohnmacht- und Unterlegenheitsgefühle verbergen. Und er warnt davor, dies mit Gleichgültigkeit zu übersetzen (vgl. ebd.: 20).

Die milieuspezifischen Differenzierungen von Interessen und auch Zugangsbarrieren zu erforschen und anhand empirischer Studien für die Bildungsarbeit nutzbar zu machen, stellten sich in den letzten Jahren vor allem Heiner Barz und Rudolf Tippelt zur Aufgabe, denn die Erwachsenenbildung habe sich „nicht mehr hineichend mit der sozialen Herkunft und der sozialen Ungleichheit im Kontext von Bildungsinteressen" beschäftigt (Tippelt 1997: 53).

3.5.2 Aktuelle Ergebnisse aus der sozialen Milieuforschung

Zentrale Erkenntnisse tragen hier die qualitative Freiburger Studie, die Mitte der 1980er Jahre im regionalen Kontext durchgeführt wurde (Barz 2000), und die darauf aufbauende repräsentative Studie „Weiterbildung und soziale Milieus in Deutschland" (Barz/Tippelt 2004a u. 2004b) bei.

Forschungsziel war, Aussagen zu Bedürfnissen und Ansprüchen von Teilnehmenden und auch Nichtteilnehmenden an Angeboten der Erwachsenenbildung, d. h. vor allem zu „subjektiven Faktoren der Weiterbildungsmotivation, der spezifischen Aneignungsprozesse und der Einbettung von Weiterbildungsaktivitäten in Selbstverständnis und Lebensstil der Adressaten", treffen zu können (Barz/Tippelt 2004c: 9). Dabei gehen die Forscher davon aus, „dass die subjektiven Kognitionen, also die individuellen Überzeugungen der Menschen, deren Handeln elementar bestimmen" (ebd.: 11). Der Zugehörigkeit zu einem sozialen Milieu kommt dabei eine Schlüsselfunktion im Hinblick auf die Ausprägung von Weiterbildungsmotivation und auch der Umsetzung in Teilnahmeverhalten bei.

Die Erforschung sozialer Milieus kann als eine aktuelle Form des Wiederanknüpfens an den Zielgruppenansatz mit spezialisierten diagnostischen Mitteln beschrieben werden. Inhaltlich können die Arbeiten von Barz/Tippelt der als Organisationsfolie bezeichneten vierten Phase (vgl. Kap. 3.4.3) zugeordnet werden, da auf der „Basis detaillierter und trennscharfer Zielgruppenprofile erstmals konkrete Anhaltspunkte für die Konzeption und Umsetzung einer zielgruppenspezifischen Marketingstrategie bereitgestellt werden" (Reich/Panyr/Derxl/Barz/Tippelt 2004: 9).

Die Bedeutung des Geschlechts wird in den Untersuchungen weitgehend ausgeklammert[19], und sie erheben Anspruch auf geschlechtsübergreifende Gültigkeit. Als Begründung dient eine Analyse von Paarhaushalten, bei der die Frage der Dominanz von Geschlecht oder Klassenzugehörigkeit bei der Ausformung des Lebensstils untersucht wurde. Die Autorinnen kamen zu dem Schluss: „Es gibt zwar eine Reihe geschlechtsspezifischer Gemeinsamkeiten (...), aber das Gros der Ähnlichkeiten auf der Ebene des Habitus scheint doch durch die gemeinsame Klassenzugehörigkeit bedingt zu sein" (Frerichs zit. n. Barz 2000: 36). Auch im Rahmen dieser Ausführungen wird deshalb auf eine geschlechtsdifferenzierende Bearbeitung der Fragestellung verzichtet.

---

19 Die Freiburger Untersuchung beschränkt sich auf Frauen, Männer wurden lediglich als Vergleichsgruppe befragt (vgl. Barz 2000). Die neuere Erhebung erfolgte mit repräsentativen geschlechtsgemischten Stichproben, innerhalb der milieuspezifischen Zuspitzungen wurde weitgehend auf geschlechtsspezifische Aussagen verzichtet (vgl. Barz/Tippelt 2004a).

Beide Untersuchungen basieren auf den Konzeptionen der SINUS-Milieus. Dabei wurden zwischen den Untersuchungszeitpunkten die Zuschnitte der Milieus modifiziert. Innerhalb der Freiburger Studie ist unter dem Fokus der Familienbildung mit benachteiligten Adressaten v. a. das „traditionslose Arbeitnehmermilieu" (TLO) von Interesse, das durch geringe Formalbildung und unteres Einkommensniveau gekennzeichnet ist (vgl. Barz 2000: 215).[20] Aus der neueren Erhebung wurde das Milieu der „Konsum-Materialisten" (MAT) ausgewählt. Im Vergleich mit der durchschnittliche Teilnahmequote der Gesamtstichprobe am Angebot der allgemeinen Erwachsenenbildung von 41% ist die Bildungsbeteiligung unterer sozialer Milieus meist unterdurchschnittlich (s. Abb. 3).

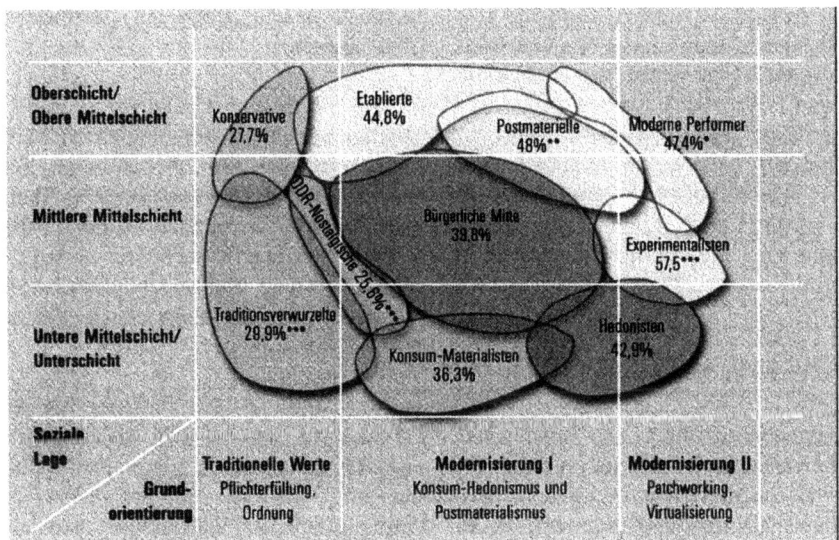

Abb. 3: Teilnahmequoten an Angeboten der allgemeinen Erwachsenenbildung nach Zugehörigkeit SINUS-Milieus (Durchschnitt = 41%)
Quelle: Tippelt/Reich/Panyr/Eckert/Barz 2004: 88.

Auch Angehörige gehobener sozialer Milieus sind hier z. T. unterrepräsentiert, aufgrund der Themenstellung der vorliegenden Analyse beschränkt sich die Darstellung jedoch auf benachteiligte Milieus mit geringen Teilnahmequoten. Da diese zudem dem Alterspektrum der Familienbildung entsprechen müssen,

---

20 Im ‚traditionellen Arbeitermilieu', das bzgl. der sozialen Lage ebenfalls im unteren Segment angesiedelt ist, finden sich überdurchschnittlich viele Rentner, es wird deshalb im Kontext der Familienbildung nicht berücksichtigt.

scheiden die Milieus der ‚Traditionsverwurzelten' aufgrund der Altersstruktur und der ‚Hedonisten' aufgrund der überdurchschnittlichen Bildungsbeteiligung aus. Das ausgewählte Milieu der ‚Konsum-Materialisten' wird beschrieben als „stark materialistisch geprägte Unterschicht", die „Anschluss (...) an die Konsumstandards der breiten Mitte als Kompensationsversuch sozialer Benachteiligung" halten will (Reich et al. 2004: 127). Dessen gesellschaftliche Werthaltungen entsprechen demnach dem „Mainstream" der Bevölkerung (ebd.: 14). Die Altersstruktur ist gemischt und es dominieren niedrige Schulabschlüsse sowie Arbeiter und Angelernte in den unteren Einkommensgruppen, vereinzelt kommen auch mittlere Abschlüsse und Einkommen vor. Häufig kumulieren Benachteiligungen, wie z. B. Arbeitslosigkeit, Krankheit oder sogenannte „unvollständige Familien" (ebd.: 128). Die Lebenswelt wird beschrieben (vgl. ebd.)

- als orientiert an Prestigeträchtigem und sozial Sichtbarem bei eingeschränkten finanziellen Mitteln
- mit starkem Gegenwartsbezug und ausgeprägten Zukunftswünschen bei geringen aktiven Veränderungsbemühungen
- mit strikter Trennung zwischen Arbeit und Freizeit, letztere wird stark erlebnis- und genussorientiert sowie mit intensiver Fernsehnutzung verbracht
- mit dem starken Wunsch nach Bestätigung von außen

Bei den Beschreibungen der sozialen Milieus, v. a. im „Handbuch Milieumarketing", ging es den Autor(inn)en darum, Typisierungen zu erstellen, die sich Bildungsträger in der Praxis bei der Ausrichtung ihres Angebots leicht nutzbar machen können.[21]

Zentrale Ergebnisse für die Identifikation von Bildungsinteressen und -barrieren des ‚Traditionslosen Arbeitermilieus' (TLO) und der ‚Konsum-Materialisten' (MAT) lassen sich anhand der nachfolgenden Dimensionen beschreiben.

3.5.2.1 Nachhaltige Wirkung negativer Schul- und Lernerfahrungen

Ein übereinstimmender Befund beider Studien besteht darin, dass „die Erfahrungen, die Schülerinnen und Schüler in der Schule sammeln, (...) starke und

---

21 Die vorliegende Analyse verwendet die dabei gebrauchten Zuschreibungen, es ist jedoch darauf hinzuweisen, dass diese bisweilen sehr holzschnittartig verfasst sind und z. T. auch abwertende Formulierungen, wie z. B. „Opfermentalität" (ebd.: 129), enthalten. Dieser Umstand ist kritisch anzumerken, im Rahmen der Darstellung der Ergebnisse jedoch nicht aufzuheben.

bleibende Eindrücke hinterlassen, denen zumindest für die spätere Haltung gegenüber Bildung und Lernen (...) prägende Bedeutung zukommt" (Barz 2000: 163).

Die Bildungserfahrungen im ‚Traditionslosen Arbeitermilieu' und im Milieu der ‚Konsum-Materialisten' sind dabei überdurchschnittlich häufig von Abbrüchen gekennzeichnet. Aus letzterem wird auch vielfach von Lernschwächen und Überforderung sowie dem im Milieuvergleich geringsten Spaß am Lernen berichtet (vgl. Reich et al. 2004: 129). Charakteristisch ist weiterhin die Beschreibung von überforderten Eltern sowie von Abwertungserfahrungen in der Schule. Leistungsprobleme werden vorrangig auf persönliche Lernschwierigkeiten und die eigenen prekären familiären Verhältnisse zurückgeführt (vgl. Barz 2000: 164) – die Befragten beschreiben sich selbst als benachteiligt. Damit wird an Ergebnisse aus den 1970er Jahren angeknüpft, denn „bereits die Autoren der Oldenburg-Studie waren auf Erwachsene gestoßen, die hinsichtlich ihrer schulischen Bildung von Minderwertigkeitsgefühlen und Selbstvorwürfen geplagt wurden" und von einem „Schultrauma" sprachen (ebd.: 166).

3.5.2.2 Bedeutung von Lebenserfahrung und Alltagsnähe

Im Milieu der ‚Konsum-Materialisten' herrscht eine „resignierte Wahrnehmung der statuszuweisenden Funktion von Bildung" (Reich et al. 2004: 130) vor. Anerkennung erhält der, der viel weiß, und bemessen wird Bildung hauptsächlich anhand formaler Qualifikationen und einem quantitativen, eher statischen und verkopften Wissensbegriff (vgl. Tippelt/Reich/Panyr/Eckert/Barz 2004: 111 f) Im Einklang mit den historischen Studien (vgl. Kap. 3.3) wird ein doppelter Bildungsbegriff beschrieben, der zwischen Bildung als ‚Welt der anderen' und der Bedeutung von Lebenserfahrung unterscheidet, die sich durch soziale Kompetenzen und Alltagsnähe auszeichnet (vgl. Reich et al. 2004: 130).

Der eigene Bildungsbegriff kommt im Zitat „weise wird man nicht in der Schule, weise wird man durchs Leben" (Tippelt et al. 2004: 114) zum Ausdruck. Distanz zu Bildung wird auch in den eher negativ gefärbten Attribuierungen von ‚gebildeten' Personen sichtbar, die im Milieu der ‚Konsum-Materialisten' überdurchschnittlich häufig Zustimmung finden (vgl. Kuwan/Graf-Cuiper/Tippelt 2004: 77).

3.5.2.3 Diffuse oder latente Lern- und Bildungsinteressen

Die Teilnahme an Bildungsangeboten wird in benachteiligten Milieus in aller Regel nicht langfristig geplant und oft spielen Anstöße von Außen eine wichtige Rolle. Sowohl in der ersten wie der nachfolgenden Erhebung beschränken sich im ‚Traditionslosen Arbeitermilieu' und im Milieu der ‚Konsum-Materialisten' die Erfahrungen mit Erwachsenenbildung fast ausschließlich auf Maßnahmen von Seiten des Arbeitsamtes (vgl. Barz 2000: 182; Reich et al. 2004: 131). Nur vereinzelt werden von Frauen Veranstaltungen mit alltäglichem Verwertungsbezug, wie z. B. Nähen, Kochen, Maschinenschreiben oder Bastelnachmittage im Kindergarten, genannt (vgl. ebd.).

Die Teilnahme an den berufsbildenden Kursen findet meist nicht freiwillig statt und die Erfahrungen werden „grundsätzlich negativ" als „nicht verwertbare Umschulungen" bezeichnet (ebd.: 139). Insgesamt werden im Hinblick auf Bildungsziele und -interessen sowohl „starke Unsicherheit" als auch „Passivität" beschrieben (ebd.: 130 f). Dabei steht die Befriedigung materieller Bedürfnisse im Vordergrund, auf Bildungsangebote wird erst dann zurückgegriffen, wenn andere Bewältigungsstrategien nicht mehr greifen (vgl. ebd.: 138). Aufgrund der Kumulation alltäglicher Probleme erscheinen zusätzliche Bildungsanstrengungen als mühselige Belastung und „Bürde" (Bremer 1999: 76). „Eine lockere Lernatmosphäre und Spaß am Lernen" (Kuwan/Graf-Cuiper/Tippelt 2004: 45) gehören demnach zu den Ansprüchen an die Gestaltung der Angebote.

Themen der Persönlichkeitsentwicklung sind vorrangig für höher qualifizierte Personen von Bedeutung (ebd.: 45 ff). Im Milieuvergleich zeigen jedoch Angehörige des Milieus der ‚Konsum-Materialisten' ein leicht überdurchschnittliches Interesse an entsprechenden Angeboten, v. a. Themen wie die Förderung von Potenzialen und Selbstbewusstsein stoßen auf positive Resonanz (Reich et al. 2004: 133). Dieses Ergebnis verweist auf die Notwendigkeit, die Ressourcenanstelle einer Defizitorientierung in den Vordergrund von Angeboten zu stellen.

Ein Befund, der jedoch im Widerspruch zum Interesse an identitätsbildenden Themen steht, ist die besonders in diesem Milieu verbreitete Einschätzung, dass Persönlichkeit kaum veränderbar ist. „Die resignierten, sich als benachteiligt und chancenlos empfindenden MAT sehen hier wenig Handlungsspielraum" (Tippelt et al. 2004: 123). Insgesamt beschreiben die Autor(inn)en die milieuspezifische Haltung zu Lernen und Bildung als „distanziert, vielleicht auch fatalistisch" (Barz 2000: 160) und durch „mangelnde Verantwortungsübernahme" geprägt (Reich et al. 2004: 131).

Bourdieu verweist in diesem Zusammenhang auf die verbreiteten Ohnmachtgefühle, die sich hinter dieser Haltung verbergen können (vgl. Kap. 3.3).

Gemessen an den durchaus formulierten Interessen der Befragten stellt sich hier die Frage, *ob* und *wie* durch die Ausgestaltung von Bildungsangeboten es erleichtert oder unterstützt werden kann, wahrgenommene Bedarfe in aktives Handeln umzusetzen. In Anbetracht des geringen Zutrauens in die eigene Lernfähigkeit und fortgesetzter Negativerfahrungen mit institutionellem Lernen als Erwachsene erfordert dieser Schritt Vertrauen – sowohl in den realen Ertrag für eine Verbesserung der Lebenssituation als auch die soziale Rahmung des Lernens.

3.5.2.4 Ambivalente Bewertung unterschiedlicher Lernformen

Auch bei der Frage nach den präferierten Lernformen wird durchaus von Interesse am Erwerb persönlicher Kompetenzen der Alltagsbewältigung, z. B. einem verbesserten Durchhaltevermögen oder der Fähigkeit, Grenzen zu setzen, berichtet. Dies soll jedoch in einem informellen Rahmen geschehen, denn Lernen findet „durch die Konfrontation mit der milieutypischen Problemakkumulation im Alltag statt" (Reich et al. 2004: 135).

Soziale Kompetenzen werden am ehesten durch belastende Erfahrungen erworben, wie pointiert in der Aussage „am meisten hab' ich durch krasse Lebensgeschichten über die Menschen gelernt" (ebd.: 136) zum Ausdruck kommt. Dementsprechend wird vor allem „dem Lernen im Kurs nur wenig Veränderungspotenzial zugestanden (,dazu hab ich meine Freunde')" (ebd.: 133).

In die Bewertung des Lernsettings fließen jedoch auch vermutete Distinktionsansprüche anderer Bildungsteilnehmer(innen) ein: So ziehen Angehörige des Milieus der ‚Konsum-Materialisten' eine individuelle Betreuung vor, denn in Kursen „befürchtet man nicht selten ‚links liegen gelassen zu werden'" (Tippelt et al. 2004: 97).[22] Auch bei der explizit nachgefragten Bewertung informeller Lernformen zeigt sich das Dilemma, dass einerseits Kompetenzerwerb v. a. in der alltäglichen Problembewältigung angesiedelt ist. Andererseits wird strukturierten Kursen der Vorzug gegeben, da informelles Lernen ein höheres Maß an Selbstdisziplin erforderlich macht (vgl. Reich et al. 2004: 136).

Für Bildungskonzepte stellt sich demnach die Aufgabe, zwischen einer Vorstellung von Lernen, das in den Alltag integriert ist und bei der Bewältigung relevanter Lebensthemen hilft, und dem Bedarf an Initiierung und Strukturierung des Lernens einen ‚didaktischen Mittelweg' zu finden. Gleichzeitig gilt es,

---

22 Die Furcht vor Unterlegenheitsgefühlen und Diskriminierungserfahrungen mag berechtigt erscheinen, da Befragte höherer sozialer Milieus sich ihrerseits in ihren Aussagen von bildungsfernen Schichten abgrenzen und „nicht ‚mit jedem Deppen' (...) in einem Kurs sitzen" möchten (Tippelt et al. 2004: 97).

die Ambivalenz im Hinblick auf gemeinschaftliches Lernen zu berücksichtigen, denn Abwertungsbefürchtungen in der Gruppe stehen der Betonung von Lernen mit und von anderen Menschen gegenüber.

3.5.2.5 Bedeutsame Rolle der Dozent(inn)en und der Institution

Quer durch alle Milieus wird der Nutzen einer Bildungsveranstaltung vor allem der Kompetenz der Dozierenden zugeschrieben (vgl. Kuwan/Graf-Cuiper/ Tippelt 2004: 54). Auch im Milieu der ‚Konsum-Materialisten' werden „vergleichsweise konkrete Ansprüche an Persönlichkeit und Charakter der Dozenten [in Form von – M.M.] Einfühlsamkeit, Kameradschaftlichkeit, Nähe" gestellt und eine „rigide Ablehnung eines aus der Schulzeit bekannten hierarchischen Schüler-Lehrer-Verhältnisses" (Tippet et al. 2004: 137) beschrieben. Dennoch sollen Lehrende als „Respektsperson" (ebd.) wahrnehmbar sein. Fachliche Kenntnisse erfordern eine Einbettung in hohe soziale Kompetenzen, die der antizipierten Abwertung der eigenen Person oder Statusgruppe entgegen wirkt, wie dies im Zitat „die haben sogar uns als Arbeitslosenpack freundlich begrüßt, die haben wirklich ned schief g´schaut" (ebd.) zum Ausdruck kommt.

Wie bereits beschrieben liegen im Milieu der ‚Konsum-Materialisten' kaum Kenntnisse über Institutionen und Angebote der Erwachsenenbildung vor (Reich et al. 2004: 133). Subjektive Zuschreibungen werden jedoch auch unabhängig von einer näheren Kenntnis oder eigenen Erfahrung mit Anbietern vorgenommen, „das Image steht als eine Art Filter unverrückbar zwischen Angebot und Nachfrager" (Nuissl zit. n. Barz 2000: 175 f). Im Kontext von Familienbildung ist v. a. das Ergebnis zur Bewertung kirchlicher Träger relevant, da diese als Träger von Angeboten eine bedeutende Rolle spielen (vgl. Kap. 2.3.1). Hier zeigen sich milieuspezifisch große Vorbehalte: Beispielsweise wird vermutet, dass Angebote dieser Einrichtungen sehr teuer sind („die wolle immer kassiere", Barz 2000: 129). Auch werden kirchenkritische Haltungen sichtbar, z. B. in der Bezeichnung als „Verein, der immer ‚mehr eingesteckt als angeboten'" hat (Tippelt et al. 2004: 106) oder die Befürchtung, dort religiöse Lehre oder weltanschauliche Ideologien vermittelt zu bekommen.

Insgesamt werden im Milieu der MAT hohe Schwellenängste und Unsicherheit aufgrund der Unübersichtlichkeit des Bildungsangebots und der fehlenden Kenntnis von Ansprechpartnern deutlich (vgl. ebd.: 132). Dabei spielen auch Kriterien der Niedrigschwelligkeit, wie ein unaufwändiger Zugang, beispielsweise durch kurze Wegezeiten und die gute Erreichbarkeit mit öffentlichen Verkehrsmitteln (vgl. ebd.: 137), eine Rolle.

Die geschilderte Fülle von Hindernissen zur Inanspruchnahme institutioneller Bildung und die häufig nur diffus vorhandenen Bildungsinteressen benachteiligter Adressaten werfen viele Fragen an die Gestaltung entsprechender Angebote auf.

3.6 Zusammenführung der Ergebnisse zu Anforderungen an die Familienbildung

Familie ist Alltag – damit kommt Familienbildung einerseits dem alltagsorientierten Bildungsverständnis benachteiligter Adressaten entgegen. Andererseits liegen sowohl in der allgemeinen Präferenz privater Lösungsstrategien bei familialen Themen und Schwierigkeiten als auch in den vielfachen spezifischen Bildungsbarrieren zusätzliche Hürden.

Welche Schlussfolgerungen können aus den dargestellten Forschungsergebnissen – den vielfältigen Lebenssituationen und Bewältigungsstrategien benachteiligter Familien, den Erfahrungen mit dem Zielgruppenansatz, den historischen, aktuellen und milieuspezifischen Befunden aus der Erwachsenenbildung in Verbindung mit dem Unterstützungsbedarf aus Elternsicht – im Hinblick auf benachteiligten Adressaten gezogen werden? Komprimiert und zugespitzt können verschiedene Probleme und entsprechende Anforderungen an die Familienbildung beschrieben werden.

Familienbildung ist (zunächst) keine Option zur Bewältigung alltäglicher familialer Anforderungen. Erforderlich ist deshalb ein einfacher und alltäglicher Zugang.

Der Dominanz negativer schulischer Vorerfahrungen wird ein prägender Einfluss auf die Bildungsvorstellungen und -bereitschaft von Erwachsenen zugeschrieben. Die fehlenden Unterstützungserfahrungen, wie sie von Angehörigen benachteiligter Milieus geschildert werden, kommen zu der allgemein verbreiteten Präferenz privater Lösungen im familialen Kontext noch hinzu. Die Möglichkeit, Vorstellungen einer positiven und nützlichen Hilfestellung von Außen zu entwickeln, erscheint vor diesem Hintergrund zusätzlich erschwert. Verstärkt wird das Fehlen einer solchen Option durch die geringe Kenntnis benachteiligter Adressaten über entsprechende Angebote sowie die Unübersichtlichkeit der Bildungslandschaft.

Als eine erste Anforderung an Familienbildung lässt sich demnach ableiten, ihr Angebot deutlich sichtbar zu präsentieren. Von großer Bedeutung ist in diesem Zusammenhang Transparenz und die leichte Verfügbarkeit von Informationen. Dabei wünschen sich Eltern eine Vermittlung durch alltägliche Instanzen, unabhängig von einer Fokussierung auf Probleme und Schwierigkeiten. Für benachteiligte Adressaten ist zudem die räumliche Erreichbarkeit des Angebots wichtig. Dies bedeutet, alltägliche Zugänge zu vermitteln und das Angebot an Orten zu platzieren, an denen sich benachteiligte Elterngruppen aufhalten. Da diese sich häufig überlastet erleben, kann jeder zusätzliche Aufwand hinderlich wirken und aufsuchende Strategien erscheinen angezeigt. Als Anknüpfungspunkte eignen sich hier insbesondere Kindertagesstätten und Schulen sowie das Gesundheitswesen (vgl. Kap. 4.3). Aufgrund der relativ breiten Akzeptanz von Angeboten zur Geburtsvorbereitung erscheint auch der Übergang zur Elternschaft als eine Umbruchsituation, in der Information und Begleitung nachgefragt werden. Darüber hinaus ist die grundsätzliche finanzielle Unaufwändigkeit von Bedeutung, denn die Möglichkeit der Gewährung eines Nachlasses, wie sie einige Familienbildungsstätten für benachteiligte Eltern vorhalten, wird in der Realität kaum angenommen (vgl. Kap. 2.4). Möglicherweise stellt dieser Rabatt eher eine Hürde der Inanspruchnahme dar, da er zum einen zusätzlichen Aufwand bei der Anmeldung bedeutet und zum anderen Eltern als ‚nicht normale' und ‚bedürftige' Teilnehmer auftreten müssen.

Die Chancen, mit einem Bildungsangebot familiale, d.. h.. lebensweltliche Probleme lösen zu können, werden als gering eingeschätzt. Erforderlich ist die Sichtbarmachung des alltäglichen Nutzens.

Grundsätzlich herrscht bei vielen Eltern die Vorstellung vor, in die Aufgabe der Erziehung im alltäglichen Umgang mit den Kindern hineinzuwachsen. Aufgrund der meist negativen schulischen Vorerfahrungen verfügen benachteiligte Adressaten zusätzlich über eher geringes Vertrauen in die eigene Lernfähigkeit und in die Veränderbarkeit von Situationen. Auch der Persönlichkeit wird hier nur wenig Potenzial zugeschrieben. Doch gerade Familienbildung, die sich auf den Bereich der innerfamilialen Interaktion und Erziehung bezieht, berührt den Bereich der persönlichen Kompetenzen – sowohl der eigenen als auch der Kinder – stark.

Gleichwohl wird von Angehörigen benachteiligter Milieus überdurchschnittliches Interesse an Themen der Identitätsbildung formuliert und es bestehen Wünsche nach einer verbesserten Alltagsbewältigung. Die geringe Kontrollüberzeugung und Zuversicht, mithilfe des Gelernten die Probleme lösen zu können, lassen jedoch auch bei bestehendem Interesse den antizipierten Lohn des psychischen Aufwands unsicher erscheinen (vgl. Siebert 2000: 63). Darüber hinaus wird Bildung als eher lebensfremde Sphäre bewertet, das eigentliche Lernen findet im Alltag statt.

Zudem kommt es auch im Erwachsenenalter kaum zur Modifizierung der negativ besetzten Lerngeschichte, da die Erfahrungen mit Bildung sich meist nur auf als erzwungen und wenig nützlich empfundene berufliche Maßnahmen beschränken. Auch aufgrund dieser erwarteten und häufig bestätigten Alltagsferne institutioneller Bildung erscheint eine Veränderung des gewohnten privaten Lösungsmodells bei erzieherischen oder familialen Fragen zunächst unwahrscheinlich.

Die Bildungs- und Lerninteressen von Angehörigen benachteiligter sozialer Milieus sind meist von Unsicherheit gekennzeichnet, diffus und kaum explizit. Hier gilt es jedoch, nicht vorschnell von Gleichgültigkeit auszugehen. Wie die Befragung von Smolka (2002) ergab, waren in der Gruppe der Mütter und Väter, die Angebote der Familienbildung für sich ausschließen, Benachteiligte nicht überrepräsentiert. Vielmehr entsprechen die angebotenen Themen häufiger nicht deren Interessen.

Die große Bedeutung von Fragen der alltäglichen Lebensbewältigung kann von der Familienbildung genutzt werden, sofern sie diese sichtbar in ihr Angebot aufnimmt. Wichtig ist in diesem Zusammenhang, relevante Themen für Eltern in prekären Lebenslagen herauszuarbeiten und die positiven Effekte des Angebots mit greifbarem Bezug zur alltäglichen Verwertbarkeit sichtbar zu machen.

Die Wahrnehmung institutioneller Familienbildung ist voraussetzungsvoll. Nötig ist ein Anlass zum Lernen sowie Vertrauen in die Wertschätzung als Eltern.

Quer durch alle Bevölkerungsgruppen greifen die meisten Eltern bei erzieherischen Fragen und Problemen zunächst auf das private Umfeld zurück und es ist insgesamt von einer verbreiteten Scheu vor der Öffentlichmachung familialer Belange auszugehen. Dabei spielt die Vermeidung von direkten oder indirekten Bewertungen der familialen Erziehungsanstrengungen eine Rolle (vgl. Scheile 1980: 141). Diese Schwelle zu überschreiten, stellt für benachteiligte Adressaten eine besonders hohe Anforderung dar, vor allem wenn, wie dem Milieu der ‚Konsum-Materialisten' zugeschrieben, eine starke Orientierung am gesellschaftlichen Standard bei geringeren verfügbaren Ressourcen vorherrscht. Dies zeigt sich insbesondere bei der Bewertung der institutionellen Lernform des Kurses, der auch in der Familienbildung häufig eingesetzt wird. In Anbetracht des geringen Ausmaßes an Informationen über Familienbildung ist jedoch davon auszugehen, dass sich die Angst vor Abwertung und Distinktion auf alle institutionellen Lernformen bezieht.

Angehörige des Milieus der ‚Konsum-Materialisten' beschreiben meist nicht-intentionale Lernprozesse, die unbeabsichtigt erfolgen oder unbemerkt in Lebensroutinen eingebettet sind (vgl. Reischmann 1995: 200; Kap. 4). Gleichzeitig wird jedoch Bedarf an initiiertem und begleitetem Lernen formuliert. So gilt es, Anlässe zu schaffen, die nicht-intentionales Lernen in intentionales überleiten. Diese ergeben sich zumeist nicht von selbst, da „der Habitus sich selbst vor Krisen schützt, indem er – unterstützt von Ausschließungsmechanismen –

fremde Milieus und Erfahrungen meidet" (Wittpoth 2005: 33). Dementsprechend ist intentionales, d. h. bewusstes und geplantes Lernen bei Erziehungsfragen von allen Elterngruppen zunächst im privaten Umfeld angesiedelt. Ein andragogisches Konzept, das Teilnehmenden Achtung und Anerkennung wie auch Anregungen zur Reflexion vermittelt, erscheint hier wichtig, um Anstöße von Außen in Form von Lernanlässen zu vermitteln und die Überführung von Lerninteressen in Lernhandeln zu unterstützen.

Dies spiegelt sich auch in den hohen Anforderungen, die Angehörige benachteiligter Milieus an die soziale Kompetenz der Kursleitung stellen. Kritisch anzumerken ist an dieser Stelle, dass auch bei Familienbildungsangeboten, die sich explizit an sozial Benachteiligte wenden, nur selten eine Vorbereitung auf die Zielgruppe erfolgt (vgl. Haug-Schnabel/Bensel 2003: 20). Auch ist an den Befund der Institutionenanalyse zu erinnern, wonach das Familienbild der Mitarbeiter(innen) in den Einrichtungen als relativ homogen und mittelschichtorientiert beschrieben wurde (vgl. Kap. 2.3.3). Mögliche Unterschiede zu benachteiligten sozialen Milieus bedürfen jedoch der professionellen Reflexion und es ist zu fragen, ob eine solche ‚Andersartigkeit' des Milieus der Einrichtung die Distanz zu institutionellen Familienbildungsangeboten verstärkt. So spielt das Image des Trägers und der ‚Stil des Hauses', der sich auch in den Räumlichkeiten und dem dort gepflegten Kommunikationsstil ausdrückt, eine Schlüsselrolle für die Wahrnehmung von Angeboten (vgl. Friedrich-Ebert-Stiftung zit. n. Barz 2000: 45). Die Vorbehalte gegenüber kirchlichen Trägern, die bei Angehörigen benachteiligter sozialer Milieus deutlich wurden, sind hier ebenfalls zu berücksichtigen.

Insgesamt gilt es, Vertrauen in den Schutz vor Distinktionsansprüchen zu wecken. Gefördert werden kann dies u. a. durch homogene Teilnehmergruppen, um die Wiederholung von Unterprivilegierungserfahrung auszuschließen. Gemischte Angebote bergen oftmals die Schwierigkeit, das Verbindende der Erziehungsaufgaben wahrnehmen zu können (vgl. Sann/Thrum 2005: 49). Die Ursache dieser Fremdheit wird dabei dem „als zu eng erlebten Handlungsspielraum [benachteiligter Adressaten – M.M.], der jegliche eigene Veränderungswünsche oder von außen geforderte Veränderungen zu verhindern scheint", zugeschrieben (Haug-Schnabel/Bensel 2003: 11). Zwar besteht in homogenen Gruppen die „Gefahr der sozial problematischen Auslese" und das „pädagogische Ideal, (...) mit heterogenen Milieus gemeinsam zu arbeiten, um die soziale und kulturelle Integration in die Gesellschaft zu leisten" (Tippelt/Hippel 2005: 35) steht dem entgegen. Aufgrund der vorherrschenden Mittelschichtdominanz der Familienbildung kann jedoch die gezielte Orientierung an benachteiligten Milieus als *erster* Schritt eines pädagogischen Auftrags verstanden werden, der weitere Integrationsbemühungen erst möglich macht.

Die Nicht-Teilnahme an Familienbildung kann ‚Sinn machen'. Nötig ist die Reflexion der Gründe von Widerstand.
Eltern aller Statusgruppen beschreiben sich hinsichtlich ihrer Erziehungsfähigkeit als grundsätzlich engagiert und kompetent. Der Rückgriff auf lebensweltliches Erfahrungswissen nimmt hier eine bedeutsame Funktion ein, die im Widerspruch zur beschriebenen allgemeinen Pädagogisierung der Lebensführung (vgl. Kap. 2.1.3) stehen kann.[23] Da Lernprozesse in Angeboten der Familienbildung sowohl den emotionalen, sozialen als auch Verhaltensbereich berühren, können Gefühle von Unsicherheit und Angst in besonderem Maß auftreten und diese schnell als „Lern- und Änderungszumutungen" (Scheile 1980: 138) erlebt werden. Ein Beweggrund für die Nichtteilnahme kann demnach auch als Widerstand gegen die Dequalifizierung lebensweltlichen Erfahrungswissens interpretiert werden, als „Eigen-Sinn, der ein legitimes, soziales, lebensweltlich gebundenes Eigenleben sichern möchte" und als „Versuch der Verteidigung der eigenen Lebenswelt gegen die Institutionen der Bildungsgesellschaft" (Bolder/Hendrich 2000: 31). Nach Tietgens kann die Nichtteilnahme an Bildungsangeboten auch entgegen allen Nützlichkeitserwägungen erfolgen und als „vitaler Abwehrmechanismus" (Tietgens 1994: 29) gegen die Anforderungen des Erwachsenenlernens interpretiert werden. Dieser zeigt sich vor allem dann,

> „wenn grundlegende Veränderungen für das Lebensverhalten aufgrund gesellschaftlicher Entwicklungen anstehen. Es geht dann nicht nur um das Hinzulernen konkreter Fähigkeiten, vielmehr will das Erwachsenenbildungsangebot einer grundlegenden Umstellungsnotwendigkeit gerecht werden. Wie weit diese unumgänglich ist oder nur von bestimmten mächtigen Gruppierungen gewollt wird, kann zeitweilig noch umstritten sein. Und so richtet sich der Widerstand nicht so sehr gegen das einzelne Lernangebot, sondern gegen die Veränderungen der Lebensverhältnisse generell, denen in Mentalität und Verhalten nur zögerlich gefolgt wird. Man könnte pointiert resümieren: langfristig herangebildetes ‚gewachsenes Alltagswissen' wehrt sich gegen synthetisch erzeugtes Wissenschaftswissen" (ebd.).

Dem Autor zufolge kann nicht automatisch von einer positiven Konnotation von Lernen ausgegangen werden, da lebensweltlich erworbenes Wissen auch eine moralisch und emotional bedeutsame Funktion erfüllt: „Es ist weithin üblich, Lernen und Bildung von vornherein als ein [sic!] Prozeß der Bereicherung anzusehen. Dabei wird allzu leicht vergessen, daß es gilt, auch zu lernen, mit den dabei eintretenden Verlusten umzugehen" (ebd.: 30).

---

23 So gaben beispielsweise jugendliche Schwangere in prekären Lebenssituationen bei der Frage nach der Akzeptanz von familienbildenden Mutter-Kind-Gruppen zumeist an, kein Interesse an derartigen Angeboten zu besitzen oder diese nicht nötig zu haben und auch „ohne Unterricht" mit dem Kind zurecht zu kommen (vgl. Friedrich/Remberg 2005: 164).

Die Nichtteilnahme an Angeboten kann demzufolge auch als sinnhaftes Verhalten gedeutet werden, sich vor dem Gefühl der Entwertung zu schützen. Zudem befindet sich insbesondere die Familienbildung im Spannungsfeld von öffentlicher und privater Sphäre, von Bildung und Fürsorge (vgl. Kap. 2.2.2). Gerade benachteiligte Familien befürchten in diesem Kontext häufig mehr Eingriff und Kontrolle, als sie sich Unterstützung versprechen. „Neben einem ortsnahen, unaufwändigen Zugang steht auch ein leicht verkraftbarer Zugang, der nicht kränkt, nicht als störende Einmischung in den letzten Rest der sowieso eingeschränkten Autonomie verstanden wird" (Haug-Schnabel/Bensel 2003: 10).

Die bisher ausgeführten Ergebnisse stammen hauptsächlich aus der empirischen Bildungsforschung, die sich v. a. an soziologischen Theorien orientiert. Die Beschreibung von Barrieren und Interessen der Adressaten steht hier im Vordergrund. Grundlage für weitere didaktische Überlegungen ist jedoch die Notwendigkeit, die soziologische Kategorie der sozialen Milieus mit pädagogischen Begriffen zu verbinden, denn auch eine noch so detailliert beschriebene Adressaten- oder Zielgruppe kann nicht unabhängig von den Bildungszielen, einschließlich dem zugrundeliegenden Lern- und Bildungsverständnis, konzipiert werden (vgl. Siebert 2000: 35). Auch Bremer betont, dass die Erforschung von Milieus dem didaktischen Umgang mit unterschiedlichen Bildungs- und Lerntypen förderlich ist. Doch darf dies nicht bei einer oberflächlichen ‚Rekrutierungsstrategie' stehen bleiben. Vielmehr gilt es, sich innerhalb eines organisationalen Prozesses mit den eigenen Habitusstrukturen als Bildungsinstitution auseinander zu setzen. Die Kenntnis sozialer Milieus bietet bei der Konzeption eines Bildungsangebots kein Handlungsrezept, aber eine sinnvolle Reflexionshilfe (vgl. Bremer 2005b: 58 f). Gerade vor dem Hintergrund der z. T. stigmatisierenden Erfahrungen mit dem Zielgruppenansatz erscheint dies notwendig.

Als Schlüsselbegriffe einer Bildungsarbeit mit benachteiligten Adressaten haben sich die Verbindung von Lerninteressen und Lernanlässen wie auch die Bedeutung von alltäglichem Wissen und alltäglichen Lernhandeln herauskristallisiert. Daraus ergibt sich die Frage nach theoretischen und didaktischen Konzepten des Lernens und der Bildung Erwachsener, die einer solchen Familienbildung zugrundegelegt werden können.

4 Lern- und Bildungskonzepte für eine Familienbildung mit benachteiligten Adressaten

Im Zentrum des vorangegangenen Kapitels stand die Identifizierung übergreifender milieuspezifischer Bildungsbarrieren und -interessen benachteiligter Adressatengruppen, die sich aus dem Zusammenspiel von ‚objektiver' Lebenslage und ‚subjektivem' Lebensstil ergeben. Diese dienen als Ausgangspunkt für weitere andragogische Fragestellungen, die sich auf die Lern- und Bildungsprozesse von Erwachsenen und damit auf die individuelle Ebene des Subjekts beziehen.

Dabei ist grundsätzlich anzumerken: Nicht nur Kinder lernen beständig in ihrer Entwicklung, auch im Erwachsenenalter ist Lernen alltäglicher und selbstverständlicher Bestandteil des Lebens, denn: Erwachsensein ist – ebenso wie Elternsein – kein abgeschlossener Zustand, sondern ein Prozess, den Tietgens mit dem Begriff „Suchbewegung" (1986: 31) charakterisiert. Untersuchungen zum Lernen im Erwachsenenalter unterstreichen die Bedeutung des Lernens im Alltag – das Lernen in Institutionen bildet dabei lediglich die ‚Spitze des Eisberges' (vgl. Tough 1979: 173). Auch wenn diese informellen Lernformen – zunächst – meist nicht bewusst oder sichtbar verlaufen, so verweisen sie doch auf ein grundsätzliches Vertrauen in die Lernfähigkeit und auch Lernbereitschaft von Erwachsenen.

Insgesamt sind die Formen des Lernens im Erwachsenenalter äußerst vielfältig – in Anlehnung an die allgemeine Systematik von Reischmann (1995) können unter dem Fokus des familienbezogenen Lernens Differenzierungen vorgenommen werden (s. Abb. 4).

Dabei ist wichtig, dass die verschiedenen Formen sich nicht gegenseitig ausschließen, sondern auf einem Kontinuum liegen: Intentionales Lernen enthält auch immer nicht intendierte Lernprozesse und -produkte, wie auch nichtintentionales zu intentionalem Lernen weiterführen kann. Auch kommen innerhalb einer konkreten Situation meist verschiedene Motive zueinander (vgl. Reischmann 1995: 201).

Lernen Erwachsener				
Intentional		Nicht-Intentional, Lernen „en-passant"		
fremdorganisiert, z. B. Elternkurs im Familienzentrum	selbstorganisiert, z. B. Lesen einer Elternzeitschrift	geplant, aber Lernen nicht Hauptzweck, z. B. Gespräch mit Freunden übers ‚Durchschlafen'	unbeabsichtigtes Geschehen mit Lernwirkung, z. B. Streit mit Partner übers ‚Grenzen setzen' bei Kindern	in Lebensroutinen unbemerkt eingebunden, z.B. Alltag des gemeinsamen Älterwerdens mit älterwerdenden Kindern

Abb. 4: Formen des Lernens Erwachsener
Quelle: Erweiterte Zusammenstellung auf Grundlage von Reischmann 1995: 200

Der Blick auf das Lernen en passant unterstreicht dabei zweierlei: „daß es diese Selbständigkeit [von Erwachsenen – M.M.] in der Bildung einerseits immer schon gibt, daß sie andererseits immer hergestellt werden muß" (ebd.: 204). Bildungsangebote können hier im eingangs genannten Sinne der Ort für gemeinsam gestaltete Suchbewegungen sein.

Begreift man Bildung als „Wechselwirkung zwischen Mensch und Welt als die Erschließung der Welt durch den Menschen und als Erschlossensein des Menschen für diese Welt" (Klafki 1963: 43), so ist über die bereits beschriebenen milieuspezifischen Lebens- und Lernkontexte (vgl. Kap. 3.5) hinaus zu fragen, wie sich diese Auseinandersetzung von Mensch und Welt aus der Perspektive der jeweils lernenden und handelnden Subjekte erschließt: Was sind Anlässe zum Lernen und vor welchem Bedeutungshintergrund wird gelernt? Welche äußeren Faktoren werden dabei als hinderlich oder förderlich wahrgenommen? Und welche theoretisch-didaktischen Konzepte können demzufolge als Grundlage einer an den Interessen von benachteiligten Adressaten orientierte Familienbildung dienen?

4.1 Wie kommen Eltern zur Bildung? – Lernen und Bildung aus der Perspektive des Subjekts

Dass ausgerechnet Eltern in benachteiligten und belasteten Lebenssituationen fremdorganisierte (s.o.) familienbildende Unterstützungsangebote seltener wahrnähmen, gerade die Familien nicht erreicht würden, die dieser am ehesten bedürften, ist eine weit verbreitete Klage (vgl. Wahl et al. 2006: 42). Wie in

Kap. 2.3.2 aufgezeigt, sind benachteiligte Adressaten in Institutionen der Familienbildung unterrepräsentiert – allerdings ist das Angebot auch nicht vorrangig an ihnen ausgerichtet. Derart normative Defizitzuschreibungen sind hingegen wenig hilfreich, wenn es darum geht, aus der subjektiven Sicht von Eltern, d. h. prinzipiell mündigen Erwachsenen, heraus nachzuvollziehen, was sie jeweils zur Aufnahme oder zum Unterlassen unterschiedlicher Formen von Lernhandlungen bewegt. Denn: „Der Subjektbegriff unterstellt ja, dass das Individuum eigene Gründe für sein Handeln haben muss, ganz unabhängig davon, was seine Umwelt für gut befindet" (Bender 2004: 46).

4.1.1 Warum und wie lernen Erwachsene? Lerninteressen und -anlässe aus subjektwissenschaftlicher Sicht

Die Teilnahme an einem institutionellen, fremdorganisierten Angebot der Familienbildung setzt die Bereitschaft zu bewusstem Lernhandeln voraus – doch wie kommt es dazu? „Nach gängigen Vorstellungen kommt es zum ‚Lernen' dann, wenn die Lernprozesse (...) von dritter Seite initiiert werden" (Holzkamp 2004: 29). Demgegenüber ist Holzkamp, Vertreter der Kritischen Psychologie, der Auffassung, „daß intentionales, d. h. absichtliches und geplantes Lernen nur dann zustande kommt, wenn das Lernsubjekt selbst entsprechende Gründe dafür hat, wobei es von diesem Begründungszusammenhang abhängt, ob und wieweit außengesetzte Lernbedingungen tatsächlich in Lernen umgesetzt werden oder diese sogar behindern" (ebd.).

Er entwickelt seine Lerntheorie in kritischer Abgrenzung zu behavioristischen, vereinfachten Ursache-Wirkungs-Modellen des Lernens und vollzieht dabei einen Standpunktwechsel: von der Seite der Lehrenden, der Vermittlung und „normativen Entwürfen ‚gelingender Instruktion'" (Faulstich/Ludwig 2004: 11) hin zur Seite der Lernenden und zum Verstehen des sinnhaften Handelns vom Standpunkt des Subjekts aus. Er formuliert damit eine Gegenposition zu funktionalistischen Lernanforderungen, bei der gesellschaftlich benötigte Wissensinhalte vorgegeben werden. Demgegenüber fragt er nach der subjektiven Bedeutung der konkreten Lebensumstände der Lernenden, die die Grundlage für die Entwicklung von Lerninteressen bilden, d. h. Lernen wird als „ein Prozeß verstanden, der im je eigenen Lebensinteresse begründet ist" (Grotlüschen 2002: 2).

Zugrunde legt Holzkamp ein Verständnis von „Lernhandlungen als eine menschliche Aktivität im Rahmen der individuellen Existenzsicherung (...), die nicht erst erlernt werden muss oder pädagogisch zu initiieren wäre" (Ludwig 2004b: 115). Vielmehr begreift er Erwachsene als aktiv Handelnde, die sich aus ihren konkreten Lebensumständen heraus den verschiedenen Lerninhalten gegenüber positionieren. Aus diesem „Standpunkt des Subjekts ergibt sich, daß einer solchen subjektwissenschaftlichen Psychologie nichts zum Problem werden kann, was nicht auch den Subjekten zum Problem wird" (Holzkamp 1995: 182).

Was sind nun Anlässe zum Lernen? „Zum Lernen kommt es immer dann, wenn das Subjekt in seinem normalen Handlungsvollzug auf Hindernisse oder Widerstände gestoßen ist, und sich dabei vor einer ‚Handlungsproblematik' sieht, die es nicht mit den aktuell verfügbaren Mitteln und Fähigkeiten, sondern nur durch den Zwischenschritt oder (produktiven) Umweg des Einschaltens einer ‚Lernschleife' überwinden kann. Unter diesen Prämissen ist es im Interesse des Subjekts, die ‚Handlungsproblematik' (vorübergehend) als ‚Lernproblematik' zu übernehmen, von der aus es seine weiteren Handlungen als spezifische Lernhandlungen strukturieren kann" (Holzkamp 2004: 29). Dies setzt also voraus, Lernen als geeignetes Mittel zur Bewältigung einer Handlungsproblematik zu identifizieren.

In diesem Zusammenhang ist Holzkamps Unterscheidung in defensives und expansives Lernen von besonderer Bedeutung. Während ersteres aufgrund von äußerem Zwang ohne eigene Lerninteressen zustande kommt, d. h. letztlich nur gelernt wird, weil dies „situativ zur Vermeidung von Sanktionen und zur Bedrohungsabwehr unbedingt erforderlich ist" (ebd.: 30), ist hingegen expansives Lernen aus einer eigenen Entscheidung heraus begründet und demzufolge immer intentional. Diese bewusste Entscheidung zum Lernen ist mit der Erwartung erweiterter Handlungsmöglichkeiten und vermehrter subjektiver Lebensqualität verbunden (vgl. Holzkamp 1995: 190). Nicht-intentionales Lernen bezeichnet Holzkamp als ein nebenbei „Mitlernen", dem eher der Charakter einer Übergangsform zukommt (vgl. ebd.: 324 ff; s. auch das Lernen en passant nach Reischmann 1995, Abb. 4).

Ludwig, der die subjektwissenschaftliche Lerntheorie für die Erwachsenenbildung weiterentwickelt hat, verortet die Entscheidung zum Lernen in einer „Irritation als Diskrepanzerfahrung, aus der heraus es [das Subjekt im alltäglichen Handeln – M.M.] Gründe für eine Lernschleife entwickelt" (Ludwig 2002: 4). Dabei werden zwei Aspekte bedeutsam: Zum einen ist für die Entstehung von Lernbegründungen und Lernprozessen der soziale Kontext relevant, in dem die beschriebenen Diskrepanzerfahrungen gemacht werden. Dementsprechend versteht Ludwig Bildungs- und Lernprozesse nicht als auf sich selbst bezogene Phänomene, sondern als gestaltbare soziale und pädagogische Beziehungen (vgl. Ludwig 1999: 669). Zum anderen kommen bei der Entscheidung für oder gegen das Einlegen einer ‚Lernschleife' biografische und situative

Einflussfaktoren, aber auch strukturelle Möglichkeiten wie Begrenzungen zum Tragen (vgl. ebd.: 674).

Damit kann der subjektwissenschaftliche Ansatz auch einer Bildungsarbeit mit benachteiligten Adressaten zugrunde gelegt werden, da „Lernen und subjektive Begründungen für Lernen nicht als abstraktes Phänomen losgelöst von der sozialen Einbindung des Menschen gesetzt werden können" (Bremer 2004: 263). Vielmehr ist der „Zugang zum Lernen und der Umgang damit in die jeweilige Form der Lebensführung eingebunden" (ebd.: 270).

Betrachtet man nun Lernen unter Berücksichtigung milieuspezifischer Bedingungen (vgl. Kap. 3.5.2), so zeigt sich, dass Angehörige benachteiligter sozialer Milieus in institutionellen Settings fast ausschließlich von defensiven Lernprozessen berichten und sie diese negativ bewerten. Eine positive Besetzung findet sich beim nicht-intentionalem Lernen als ‚Mitlernen' in alltäglichen Lebensvollzügen. Gleichzeitig wird der Wunsch nach Anstößen – in diesem Sinne sozial vermittelten Diskrepanzerfahrungen – sowie Interesse an Persönlichkeitsthemen und alltäglichen Problemlösungen formuliert, das auf die Erweiterung von Handlungsspielräumen zielt. Dies kann als Auftrag an Bildung verstanden werden, institutionelle Lernanlässe zu vermitteln, die expansives Lernhandeln ermöglichen. Voraussetzung dafür ist, neben einer freiwilligen Entscheidung, dass alltägliche Handlungsprobleme als Lernprobleme verstanden werden und mit ihnen die Erwartung erweiterter Handlungsspielräume einher geht (s.o.). Welche Konsequenzen sind vor diesem Hintergrund für Bildungsangebote mit benachteiligten Adressaten zu ziehen?

4.1.2 Subjektorientierte Bildungsangebote

Im Hinblick auf eine Familienbildung mit benachteiligten Adressaten ist zum einen wichtig, keinen Druck oder Zwang auszuüben, der expansives Lernen be- oder verhindert. Normative Lernanforderungen können gemäß Holzkamp als Lernbehinderung wirken, da sie die „subjektiven Bedeutungshorizonte nicht verstehend aufgreifen und damit auch nicht anerkennen" (Ludwig 1999: 679). Zum anderen geht es darum, soziale Kontexte herzustellen, die den Fokus auf alltägliche Handlungsprobleme legen und die Verbindung zum Lernen zu verdeutlichen. Dies setzt jedoch voraus, die Lernbegründungen der Subjekte zu kennen und zu verstehen: „Bezogen auf die Lernforschung bedeutet dies, das Augenmerk auf die Rekonstruktion von Lernbegründungen zu legen (Faulstich/ Ludwig 2004: 25). Als Konsequenz für die Familienbildung ist hier erheblicher Forschungsbedarf festzustellen, vor allem, wenn auch milieuspezifische Aspekte berücksichtigt werden sollen.

Darüber hinaus ist sicherzustellen, dass mit dem familienbildenden Angebot konkrete Probleme der Lebensführung auch tatsächlich gelöst werden können. Auch hier ist auf verstärkten Forschungs- und Evaluationsbedarf zur Überprüfung der Effekte von Familienbildung hinzuweisen.[24]

Bildung stellt „die Frage nach der Stellung des Menschen im Vergesellschaftungsprozess" (ebd.: 17). Als Ziel einer subjektwissenschaftlich begründeten Bildung kann demnach gelten, dass die Lernenden, ausgehend von ihren Lerninteressen „aus dem gesellschaftlichen Möglichkeitsfeld neue Bedeutungshorizonte aufnehmen, transformieren und erweitern" (ebd.: 21) und in Form expansiver Lernprozesse „die erweiterte Teilhabe an der gesellschaftlichen Lebenssicherung" möglich wird (ebd.: 22).

Für eine subjektorientierte Didaktik bedeutet dies, von den subjektiven Handlungsproblematiken auszugehen und diese in einem zweiten Schritt mit dem Möglichkeitsraum gesellschaftlicher Bedeutungen zu vermitteln und zu vergleichen (vgl. Ludwig 2005: 78 f). Dabei räumen verschiedene Autoren dem Wissen innerhalb eines subjektorientierten Bildungsangebots einen zentralen Stellenwert ein, um zu vermeiden, dass „alle möglichen und im Alltagsleben üblichen Umgangsweisen mit Personen oder Sachen als gleich bedeutsam und deshalb *unhinterfragbar*" gelten (Bender 1991: 70; vgl. auch Meueler 2003: 177 u. Kap. 3.4). Auch Ludwig warnt: „Ein solcher ‚Subjektstandpunkt' ist nicht zu verwechseln mit ‚Subjektivität' als nicht kommunizierbarer Innerlichkeit, in deren Raum das Subjekt Bedeutungen beliebig setzt" (Faulstich/Ludwig 2004: 14).

Subjektorientierte Bildung ist demnach als „Zusammenschluss von Reflexion und Wissensaneignung" (Bender 2004: 43) anzulegen. Wichtig ist, die Bezogenheit der subjektiven Bedeutungshorizonte in den jeweiligen Bildungskontexten nicht nur zu verstehen, sondern auch zu hinterfragen. In beiden Fällen geschieht dies auf der Basis von Anerkennung in einem kooperativ verstandenen Lernverhältnis, das von einzelnen didaktischen Kriterien gekennzeichnet ist (vgl. Ludwig 2004b: 120 ff):

- Ausgangspunkt sind die Handlungsproblematiken der Teilnehmenden, die wiederum der Boden für die Ausbildung ihrer Lerninteressen sind. Förderlich sind demnach Lernformen, die das Erzählen und Beschreiben in den Mittelpunkt stellen.
- Lehrende begreifen sich selbst als Mitlernende, die innerhalb eines kooperativen Lernverhältnisses gemeinsam mit den Teilnehmenden die eigenen Bedeutungen und Situationsinterpretationen sich wechselseitig zur

---

24 Dies gilt auch für Angebote mit geringem Standardisierungsgrad, wie beispielsweise Gruppen oder offene Treffpunkte (s. hierzu auch Lösel 2006: 14).

Bedeutungen und Situationsinterpretationen sich wechselseitig zur Verfügung stellen.
- Nötig ist ein didaktisches Setting, in dem die Interpretationsangebote der anderen anerkannt, jedoch gleichzeitig eigene ‚kritische Gegenhorizonte' aufgezeigt werden. Dies erfordert Toleranz, Aufmerksamkeit gegenüber erfahrenem Leid und eigene Urteilskraft sowohl im Hinblick auf Kritik wie auch Selbstkritik.

Die Überführung von Lerninteressen in Lernhandlungen zu unterstützen, erfordert neben dem persönlichen Zugang auch die Fähigkeit der Lehrenden, „etwaige gute Gründe für die Akzeptanz eines Lernangebots auch fundiert und überzeugend (ohne Druck und Demagogie) zu vermitteln" (Holzkamp 2004: 32). Nötig sind deshalb kommunikative Kompetenzen der Kontaktgestaltung, die defensive Reaktionen der Adressaten vermeiden helfen. Da die Aktivität in vorderster Linie von den Lernenden ausgehen soll, erscheinen soziale Räume, die unaufdringlich Gelegenheit zum Fragen ermöglichen, von Vorteil.

Abschließend lässt sich ein subjektorientierter Zugang zur Familienbildung mit benachteiligten Adressaten charakterisieren als Anerkennung der Eigenwilligkeit der Subjekte, die sich in der Teilnahme oder Nicht-Teilnahme von Angeboten wie in der Entscheidung für expansive Lernaktivitäten zur Erweiterung von Handlungsspielräumen oder für defensives Vermeiden negativer Konsequenzen ausdrückt. Das Lernhandeln ist zwar auf äußere Lernbedingungen bezogen, die das ‚Einlegen einer Lernschleife' behindern oder fördern, es gilt jedoch als eigenständige Aktivität. In diesem Sinne „kennzeichnet [subjektorientierte Bildung – M.M.] eher eine skeptische Einstellung zur Idee einer linearen gesellschaftlichen Entwicklung und ihrer Gestaltung durch eine interventionistische Pädagogik und Erziehungswissenschaft" (Kade/Nittel/Seitter 1999: 88). Damit widerspricht sie einer Sicht von Familienbildung, die ihre Bedeutung aus gesellschaftlichen Funktionsbestimmungen bezieht.

In der Anerkennung der Eigenwilligkeit der Lerninteressen der Subjekte ist auch ein paradigmatischer Unterschied zur Perspektive der Fürsorge zu erkennen, die zum Schutz des Kindeswohls sowohl normative Kriterien und erzieherische Defizite festschreiben als auch bei entsprechender Gefährdung intervenieren muss. Zwar hat Familienbildung eine ‚Zwischenstellung' inne (vgl. Kap. 2.2), wird jedoch der Bildungsaspekt betont, so ist auch – oder gerade – in der Arbeit mit benachteiligten Adressaten die Subjektperspektive einzunehmen und anzuerkennen. Dies ermöglicht es, mit Eltern und Erziehenden als erwachsenen Lernern in einen Austausch über ihre Lernbegründungen und ihre Lebensinteressen – jenseits einer Rekrutierungsstrategie und jenseits einer Reduzierung auf ihre Erziehungsfunktion – zu treten. Familienbildung kann so ihren Auftrag verstehen als Anbieten sozialer Räume, die das Antizipieren und Überführen von Handlungs- in Lernproblematiken unterstützt und somit die gesellschaftliche Teilhabe benachteiligter Adressaten erweitern hilft. Aufgrund der Anerkennung der sozialen Rahmung der Lernbegründungen können Defizitzuschreibungen an benachteiligte Adressaten vermieden werden.

Eine so verstandene Bildungsarbeit kann und soll sozialpädagogische und fürsorgerische Angebote für Familien, die vorrangig auf Hilfe und Kontrolle zum Schutz des Kindes zielen, nicht ersetzen – aber ergänzen. Denn privilegierte wie benachteiligte Eltern und Erziehende lernen beständig im Kontext ihrer Lebensinteressen und auf vielfältige Art und Weise, sie ‚bilden' sich in Auseinandersetzung mit sich und ihrer Umwelt. Familien-Bildung, die hier ansetzen will, zeichnet sich – wie in Kap. 2.2.2 mit Bezug auf Schäffter dargestellt – durch bewusstere Entscheidungsspielräume bei der Verfügbarmachung der eigenen Lernprozesse aus (vgl. Schäffter 1997: 706).

Zwar ist an dieser Stelle darauf hinzuweisen, dass die von Holzkamp eher polar besetzten Begriffe des defensiven und expansiven Lernens in neueren Rezeptionen der Erwachsenenbildung sich nicht gegenseitig ausschließen müssen, sondern auch als „Mischform" (Schüssler 2004: 108) auftreten können. Nach Ludwig lassen sich die „Begriffe expansiv-defensiv als Begriffspaar zur Aufschlüsselung subjektiver Befindlichkeit und zur Aufschlüsselung von Handlungsbegründungen vom Subjektstandpunkt aus" nutzen (Ludwig 2004a: 47). So kann zudem vermieden werden, benachteiligte und privilegierte soziale Milieus auf unterschiedliche Lerntypen festzuschreiben (vgl. Bremer 2004: 274). Die Anerkennung der subjektiven Lerngründe bleibt dennoch als zentrales Merkmal von Bildungsarbeit bestehen.

Wie beschrieben, stehen subjektive Lernbegründungen in Zusammenhang mit den konkreten Lebensumständen, d. h. „lernende Erwachsene setzen sich in ein spezifisches, lebensweltlich gebundenes Verhältnis zum Lerninhalt" (Müller 1995: 286). So nimmt auch die Kategorie der Lebenswelt eine noch zu untersuchende Schlüsselstellung bei der Frage nach der Beschaffenheit von Familienbildung ein, denn dieser „individuelle Kosmos der Selbstverständlichkeiten, in denen wir leben, (...) stiftet für den einzelnen Gewissheit, Identität, Zugehörigkeit, und er bestimmt auch die Themen sowie die Lernanlässe und Lernbereitschaften des Erwachsenenlernens" (Arnold 2001: 189).

4.2 Wie steht die Bildung zum Alltag? Lebensweltliche Gestaltung von Angeboten der Familienbildung

Bereits mit Beginn des letzten Jahrhunderts entwickelte sich in der Philosophie und später der Soziologie der theoretische Ansatz der Lebenswelt, welcher an der Schnittstelle der ‚objektiven' Phänomene der Welt und der ‚subjektiven' Sicht des Menschen angesiedelt ist. Dieser fand auch in die Erwachsenenbildung Eingang. Im Kontext einer Familienbildung mit benachteiligten Adressaten erscheint das Konzept der Lebensweltorientierung relevant, da hier die Widerständigkeit des selbstverständlichen, unhinterfragten Alltagswissen (vgl. Kap. 3.6) andragogisch reflektierbar wird.

4.2.1 Theoretischer Hintergrund und inhaltliche Bestimmung

Die Kategorie der Lebenswelt entstand ursprünglich zu Beginn des 20. Jahrhunderts innerhalb der phänomenologischen Philosophie Edmund Husserls als „Kritik an der Verwissenschaftlichung der Natur einschließlich der Natur des Menschen, durch die sich der Mensch der erlebten Welt gegenüber entfremdet" (Lippitz 1992: 295). In ihr wurde der zunehmenden Objektivierung der Welt eine Aufwertung des subjektiven Alltagsbewusstseins des Menschen gegenüber gestellt. Gemäß Husserl bildet diese Subjektivität die Grundlage und Voraussetzung für Sinn und Erkenntnis: Indem die alltägliche Lebenswelt die einzig wirkliche, i. S. einer ‚wirklich' wahrnehmbaren und erfahrbaren Welt ist (vgl. Husserl zit. nach Kaiser 1992: 288), entstehen Einsichten immer unter dem Eindruck vorausgegangener Erfahrungen. „Quelle und trotz aller Verdecktheit untergründig fungierender Boden für jedwede Art von Wissenschaft ist ein positiver intuitiv zugänglicher Erfahrungsboden" (Lippitz 1992: 299).

Zur Erklärung der Welt, für Schlussfolgerungen wie Prognosen, wird stets auf vorhandene subjektive Interpretationsmuster zurückgegriffen, die auf den sog. „Fundamentalannahmen" beruhen. Diese besagen u. a., dass sich Dinge unter typischen ähnlichen Umständen ähnlich verhalten und ich demzufolge davon ausgehen kann, dass meine Lebenswelt auch heute noch so ist wie gestern (‚Und-so-weiter-Annahme'). Daraus folgt, dass gestern erfolgreiche Handlungen auch heute wieder effektiv einsetzbar sind und ich mich verhalten kann wie bisher (‚Ich-kann-immer-wieder-Annahme') (vgl. Husserl zit. n. Schütz/Luckmann 1991: 29).

Die Verstehende Soziologie präzisiert Mitte des 20. Jahrhunderts das Konzept der Lebenswelt, indem sie ihr Strukturmerkmale und einen subjektiv sinnhaften Aufbau zuordnet. Nach Schütz/Luckmann meint Lebenswelt die dem

Subjekt unmittelbar gegebenen Handlungsräume, die sowohl ‚objektive', strukturelle, d. h. dauerhafte und stabile Elemente, als auch ‚subjektive', individuelle, d. h. willkürliche und instabile Anteile in Form von Skripts und Deutungsschemata enthalten. Das Subjekt eignet sich aus dem gesellschaftlichen Angebot von Interaktions-, Kommunikations-, Legitimations- und Biografiemustern ein eigenes Handlungsrepertoire an. Es ist darin gebunden an die gegebenen Strukturen der jeweiligen Lebenswelt, muss sich diese Grundmuster jedoch individuell erschließen, indem es sie interpretiert und auch modifiziert (vgl. Kaiser 1992, 289).

Lebensweltliches Wissen bildet darin die „Totalität der von Situation zu Situation wechselnden Selbstverständlichkeiten (...) vor einem Hintergrund der Unbestimmtheit" (Schütz/Luckmann 1991: 31) – es wird als solches nicht wahrgenommen, bildet jedoch den orientierungssichernden Boden. Dieses Wissen folgt einem „pragmatischen Motiv" (ebd.: 28), d. h. es ist bis auf weiteres unproblematisch und erst, wenn eine Erfahrung nicht reibungslos integriert werden kann, wird der Hintergrund bewusst und als auslegungsbedürftig betrachtet. Bedeutsam ist an dieser Stelle, dass der Sinn einer Erfahrung nur retrospektiv in einem reflexiven Zusammenhang verliehen wird, d. h. Irritationen bilden den Ausgangspunkt für Verstehen und Lernen.

Allgemein definieren lässt sich Lebenswelt demnach als „alltägliche Handlungszusammenhänge (...), die relativ feste Muster für soziales Handeln anbieten und Verfahren zur Orientierung in der sozialen Welt zur Verfügung stellen" (Kaiser 1990: 13). Familie, Beruf, Freizeit oder Nachbarschaft stellen verschiedene Lebenswelten dar, in denen sich das Individuum als soziale Person konstituiert, indem es sich Fähigkeiten und Wissen aneignet, das für die Deutung der Welt erforderlich ist. Die Lebenswelt übernimmt hier eine Funktion für soziale Sicherheit sowie Erwartbarkeit und lebensweltliches Wissen hat den Status von „Gebrauchsanweisungen" (Schütz/Luckmann 1991: 37). Dabei betont das Konzept sowohl das Handeln der Subjekte (vgl. Kaiser 1992: 288) als auch den sozialen Charakter des Wissens, denn dieses wird sozial erworben und auch sozial überprüft. Irritationen können zu Neuauslegungen und Lernen auf der Basis von Erkennen und Verstehen führen, doch auch hier ist „die erste Garantie des Rezepts (...) sozial" (Schütz/Luckmann 1991: 37).

Neue Aktualität erhielt das Konzept der Lebenswelt durch Habermas und seine Kritik an ihrer zunehmenden „Kolonisierung" in der Moderne: Lebensweltliches Wissen werde durch „Expertisierung und Professionalisierung pädagogischer Laienkompetenzen (...) oder auch der Formalisierung zwischenmenschlicher Konfliktlösungen" (Lippitz 1992: 307) unterwandert und zersetzt. Indem die Unmittelbarkeit menschlicher Erfahrung immer mehr verschwindet, verliert die Lebenswelt ihre Funktion als „Gewissheits- und Orientierungskosmos" (Arnold 2001: 189).

Einzug in die Erwachsenenbildung hielt das theoretische Konzept der Lebenswelt im Kontext der sog. ‚reflexiven Wende' in den 1980er Jahren. Diese bildete einen Kontrapunkt zur vormaligen ‚realistischen Wende' im deutschen Bildungswesen, der die Erwachsenenbildung zwar ihre öffentliche und gesetzliche Verankerung sowie ihre Professionalisierung verdankt, jedoch auch eine damals vorherrschende Orientierung an organisiertem Lernen, systematisiertem Wissen und zweckgerichteten Bildungsbedürfnissen (vgl. Schlutz 2001: 271). Von den Vertreter(inne)n des reflexiven Paradigmas wurde dies als Ausblendung des Subjekts und pragmatische „Anpassungsleistung des einzelnen an gesellschaftliche und technologische Anforderungen" (Arnold 1989: 35) und Verwertungsinteressen kritisiert. Gefordert wurde vielmehr die Hinwendung zur Perspektive der Teilnehmenden und zum interpretativen Verstehen, in dessen Zusammenhang auch die Kategorie der Lebenswelt Aufnahme fand. Nach diesem Verständnis ist der lernende Erwachsene „keine ‚tabula rasa', kein ‚Behälter', der mit neuem zweckrationalem Wissen angefüllt werden kann. Vielmehr erschließt er sich neue Inhalte nach Maßgabe ihrer [subjektiven – M.M.] Bedeutsamkeit, und diese Inhalte erschließen ihm neue Perspektiven" (ebd.: 36).

Erwachsenenbildung versteht sich als Lebenshilfe und Identitätsförderung, die Weiterentwicklung und neue Orientierungen ermöglichen soll. Hierzu gehört explizit die Anerkennung von außerwissenschaftlichem Erfahrungswissen, das – im Gegensatz zum technokratischen Wissensbegriff – es erst möglich macht, spezifische Sachkenntnisse in den handlungsrelevanten Kontext einer sozialen Lebenswelt zu übersetzen (vgl. Dewe 1983: 296).

Mit der Aufnahme des Lebensweltansatzes in die Familienbildung mit benachteiligten Adressaten lassen sich relevante Aspekte, die in der Perspektive der Adressaten deutlich wurden (vgl. Kap. 3), mit einem theoretisch-didaktischen Bildungskonzept verbinden. Grundsätzlich ermöglicht es damit einen theoretischen Hintergrund, der aufgrund des natürlichen Spannungsfeldes von Experten- und Alltagswissen und der Tendenz zur Unhinterfragtheit der Wissensbestände von einer Defizitzuschreibung an (bislang) ‚Nicht-Teilnehmende' absieht. Dadurch wird der Blick frei auf die Möglichkeiten eines lebensweltlichen Angebots, das fachliche Fragestellungen zu lösen hat:

Zum einen darf aufgrund der Bedeutsamkeit von implizitem Alltagswissen in der Lebenswelt Familie für Orientierung und Handeln der Subjekte Bildung nicht als Angriff auf dieses Wissen verstanden werden, um Widerstand zu vermeiden. Dies erfordert eine Grundhaltung von Respekt und Wertschätzung gegenüber den Eltern, die sich u. a. in einer Offenheit für ihre Belange und Interessen ausdrückt, und die durch die Möglichkeit zu zwanglosen Gesprächen unabhängig von Problemzuschreibungen gefördert werden kann. Zum anderen verweist der beschriebene pragmatische Umgang mit Wissen auf die Frage, wie die selbstverständlichen lebensweltlichen Orientierungsprozesse, „das fraglos Gegebene" überhaupt sichtbar gemacht und auch umgekehrt, das „fraglich Gewordene in neue Fraglosigkeit überführt werden kann" (Schütz/Luckmann 1991: 30).

Da dieser Prozess sowohl reflexiv, im Nachgang von Situationen als auch sozial vermittelt beschrieben wird, kann die Frage nach der Umsetzung einer lebensweltlichen Familienbildung als Frage nach der Gestaltung reflexionsfreundlicher, d. h. Irritation und Sicherheit verbindende, sozialer Räume begriffen werden.

4.2.2 Didaktische Konsequenzen aus dem Konzept der Lebenswelt

Grundsätzlich enthält der Ansatz zwei inhaltliche Ebenen: Lebenswelten ändern sich aufgrund gesellschaftlicher Entwicklungen wie auch aufgrund von Veränderungen innerer Sichtweisen, beispielsweise infolge von Krisen. Bildung „kann somit sowohl eine lebensbegleitende als auch eine lebenswelttransformierende Funktion erfüllen" (Arnold 2001: 189).

Definieren lässt sich lebensweltbezogene Familienbildung demnach als „eine auf den Alltag des Erwachsenen bezogene Form des Wissenserwerbs und der Reflexion, die das Ziel verfolgt, Neuorientierungen, Krisenverarbeitungen sowie -vorbereitungen zu begleiten" (Arnold 1989: 32). Ihre Aufgabe ist jedoch nicht nur, Lebenswelten zu erkunden, um relevante Inhalte aufgreifen und alltagsnahe Lösungsmöglichkeiten lebenspraktischer Probleme erarbeiten zu können. Zur Funktion von Bildungsarbeit mit Familien gehört auch, strukturelle Begrenzungen sowie eigene Entscheidungs- und Handlungsoptionen auszuloten. Es geht es nicht nur darum, in der Lebenswelt „irgendwie" zurechtzukommen, funktionierende Muster zu perfektionieren – es geht auch darum, sich seines Einflusses, seiner Gestaltungsmöglichkeiten und seiner Handlungsalternativen bewusst zu werden. Bildung ist demnach bemüht, das Selbstverständliche zu irritieren. Nach Schmitz ist lebensweltorientierte Bildung ein „außerhalb der unmittelbaren Lebenspraxis angesiedelter, aber auf diese intentional bezogener kommunikativer Prozess der deutenden Übersetzung zwischen den Zusammenhängen der subjektiven und objektiven Wirklichkeit" (Schmitz 1984: 95). Innere und äußere Realität werden zum Gesprächs- und damit zum Reflexionsgegenstand. Die Bildungsinhalte als Ausschnitte aus der objektiven Wirklichkeit werden als Fremderfahrung in die subjektive Wirklichkeit der Teilnehmenden übersetzt, gleichzeitig wird die subjektive Wirklichkeit durch eigenes Erleben und Aussprechen für sie selbst und auch die anderen Teilnehmer objektiv (vgl. ebd.). Der Fokus liegt demnach auf wechselseitigen Effekten und auch Tietgens empfiehlt, von „Lebensweltorientierung zu sprechen, wenn intendiert ist, auf die Vorstellungswelt der Teilnehmenden in einer Weise einzugehen, die nach mentalen Brücken zwischen Gewohnheitsdenken und Aneignungsprozessen sucht" (Tietgens 1993: 62).

Um die Inhalte und Lerngegenstände eines Angebots auswählen zu können, ist ein „systematisches Verstehen der lebensweltlichen Problemlagen, aus denen Motive und Bildungsinteressen der Teilnehmer entspringen" notwendig (Schmitz 1984: 49). Deren Bedeutsamkeit ist im Vorfeld, aber auch im Prozess selbst mit den Teilnehmenden zu klären. Hierzu sind Methoden zu wählen, die Selbstbestimmung und Selbsttätigkeit ermöglichen, um Lernprozesse als selbst initiiert und getragen zu erleben (vgl. Kaiser 1990: 15).

Ausgangspunkt sind die alltäglichen Erfahrungen der Teilnehmenden, deren subjektive Sicht der Dinge, aus denen sich das reale Handeln ableitet (vgl. Arnold 1989: 38). Die Teilnehmenden sind als Spezialisten für die selbstverständliche Bewältigung ihres Alltags zu begreifen (vgl. Axmacher 1990: 28) und gelten als „prinzipiell kompetente Interaktionspartner" (Kaiser 1990: 14), die nur partiell und momentan in ihrer Lebensbewältigung eingeschränkt sind. Den Adressaten sollen Räume zur Verfügung gestellt werden, sich in ihren Problemen darstellen oder allmählich entdecken zu können, in denen sich durch das „Abtasten von Gelegenheiten" (Thiersch 2004: 704) Vertrauen entwickeln kann.

Das Bildungsangebot fungiert als „Instanz der Herstellung von (...) Rationalität und Verhaltenssicherheit" (Schmitz 1984: 48) durch (stellvertretende) deutende Aneignung problematisch gewordener Wirklichkeit. Sie ist gekennzeichnet vom „Bemühen, das Strukturelle im Individuellen sichtbar werden zu lassen, (...) Einblick zu gewinnen in ‚naturwüchsige' Abläufe, in latente Prozesse, in Un-durchschautes" (Kaiser 1992: 290 f). Hierzu setzt sie bei den Teilnehmenden an, stellt jedoch Verbindungen zwischen der individuellen und der allgemeinen Ebene her, um Einsichten in soziale Strukturen zu ermöglichen sowie Handlungsalternativen auszumachen. „Wenn die Eltern fühlen, dass auch das Verhalten ihrer Kinder eine Antwort auf ihre Lebensumstände bedeutet, kann eine neue Haltung erwachsen. In den Elternrunden werden immer wieder die eigenen Erfahrungen im Meistern des Lebens mit anderen geteilt" (Schopp/ Wehner 2005: 162 f).

Erwachsenenbildung begibt sich also auf die Gratwanderung, alltägliches Wissen und Orientierungsmuster zu differenzieren und aufzuklären, ohne dabei deren Funktion für Identitätssicherung und Sinngebung zu untergraben (vgl. Dewe 1983: 304). Dennoch ist darauf zu achten, nicht in neokonservative oder antimodernistische Verklärungen von Lebenswelt abzugleiten (vgl. Alheit 1983:

164). Auch Axmacher warnt vor einem unklaren Gültigkeitsanspruch lebensweltlicher Ansätze, die „zwischen vitalem lebensweltlichen Wissen und einer aus ZDF und Stammtisch zusammengebrauten Folklore nicht unterscheiden können – mangels geeigneter Außenkriterien, die das lebensweltliche Wissen kritisieren können" (Axmacher 1990: 29). Entsprechend einer subjektorientierten Bildung ist auch in lebensweltorientierten Konzepten der Input neuer Inhalte von Seiten der Familienbildner erforderlich (vgl. Kap. 4.1.2), um mit Hilfe wissenschaftlichen Wissens „Hilfe zur Erkenntnis der Lebenswelt" (Bender 1991: 130) zu leisten.

Die vorrangige Methode ist das Gespräch, da lebensweltliches Wissen auf ebensolche Weise in der Sozialisation erworben wurde (vgl. Schmitz 1984: 71) – dieses soll „gesellig oder diskursiv" (Kaiser 1990: 14) sein. Das Berichten von Erlebnissen aus dem Alltag soll Einblick in die subjektiv vorgenommene Verarbeitung von Erfahrungen gewähren und Strukturen der Lebenswelt veranschaulichen. Der Unterschied zum Alltagsgespräch besteht darin, jeweils die Begründungen von Entscheidungen herauszuarbeiten (vgl. Dewe 1983: 303).

Die Rolle der Gruppenleitung lässt sich als Begleiter oder Lotse umschreiben (vgl. Arnold 1989: 44). Hierdurch soll die Scheu vor einer jeden professionellen Problembearbeitung „strukturell innewohnenden Asymmetrie" (Thiersch 2004: 703) vermindert werden. In Anlehnung an Ethnologie und Feldforschung geht es darum, eine Innen- oder ‚Eingeborenenperspektive' zu übernehmen, das ‚fremde Volk' mit den Augen seiner Mitglieder sehen und verstehen zu lernen. Dies geschieht weniger durch empathisches Einfühlen als durch die Fähigkeit, beobachtete ‚kulturspezifische' Besonderheiten zu übergreifenden strukturellen Aussagen in Beziehung setzen zu können (vgl. Kaiser 1992: 289).

Schließlich soll Bildung an Orten in der Lebenswelt stattfinden, um die Grenze zwischen Lernort und dem Ort des alltäglichen Handelns aufzuweichen, „sie agiert in ihrer Lebenswelt, um von da aus Möglichkeiten eines gelingenderen Alltags zu finden" (Thiersch 2004: 707).

Lebensweltliche Bildungsarbeit zielt nicht auf die Vermittlung von ‚richtigem' Wissen und Handlungsanweisungen, sondern auf die Förderung von Selbstreflexion und Selbsttätigkeit. Dies erweist sich als sinnvoll, um das Potenzial der Teilnehmenden auszuschöpfen und einer defizitären Fremd-, aber auch Selbstwahrnehmung entgegenzuwirken (vgl. Tschöpe-Scheffler 2005b: 330). Damit bezieht sie – wie auch subjektorientierte Bildungsansätze – einen Gegenpol zu Konzepten, die alleine auf die Erziehungsleistung von Eltern fokussieren.

Dennoch können auch aus lebensweltlichen Familienbildungsangeboten normative Gesichtspunkte nicht ausgeschlossen werden. Ein präventiver Anspruch von Familienbildung beinhaltet beispielsweise auch, mögliche Probleme in den Blick zu nehmen, die seitens der Teilnehmenden nicht (oder noch nicht) gesehen werden. Schließlich sei auf die Gefahr verwiesen, dass lebensweltorientierte Familienbildung genau das tun können sollte, wogegen sie antritt, nämlich das Ausforschen der Lebenswelt zum Zwecke des Hineintragens anderer Deutungen. Dies ist ein immanentes Spannungsfeld, das sich nicht auflösen lässt, von der Bildungsinstitution aber reflektiert werden sollte, um sich und seine Handlungsweisen immer wieder professionell zu hinterfragen.

4.3 Zusammenführung subjektorientierter und lebensweltlicher Arbeitsansätze und Darstellung in konkreten Beispielen

Subjektorientierte und lebensweltorientierte Lern- und Bildungskonzepte weisen unterschiedliche Schwerpunktsetzungen auf: Während Erstere das aktiv handelnde Subjekt und seine Lerngründe in den Mittelpunkt stellen, fokussieren Zweitere die Lebenswelt des Subjekts als selbstverständlichen Erfahrungshintergrund und Ausgangspunkt von Lern- und Bildungsprozessen. Dabei lassen sich Ergänzungen und Kongruenzen feststellen, die gemeinsam einen Bezugsrahmen für die Familienbildung mit benachteiligten Adressaten bilden können.

Es geht um Familienbildungskonzepte, die Eltern als eigenwillig Handelnde begreifen und sie in ihren lebensweltlich vermittelten Interessen und Erfahrungen einschließlich ihrer bevorzugten Lernformen ernst nehmen. Beide Ansätze gehen davon aus, dass die Bereitschaft zur Reflexion und zum Lernhandeln einer Sinnstruktur unterliegt. Die Subjektwissenschaft verweist hier auf die Bedeutung von Anlässen, die aufgrund von Diskrepanzerfahrungen den Nutzen von Lernhandeln – als Lösung einer alltäglichen Handlungsproblematik – ersichtlich machen. Diese Lerngründe gilt es zu verstehen. Durch das Anknüpfen an die subjektiven Begründungszusammenhänge und die Möglichkeit zur aktiven Auseinandersetzung mit neuen Bedeutungshorizonten können die eigenen Handlungsspielräume erweitert werden. Auch im Lebensweltansatz geht es um die Entwicklung von Handlungsoptionen durch die Vermittlung subjektiver und objektiver ‚Wirklichkeiten'. Dabei unterstreicht er die Bedeutung der Orientierungsfunktion des Alltagswissens und der Integration dieser Sphären, indem Bildung als Erweiterung des lebensweltlichen Wissens, nicht als dequalifizierend oder als fremd, erfahren werden kann.

In der didaktischen Umsetzung ist beiden Ansätzen die soziale Bedingtheit von Lernen und Bildung gemeinsam. Diese kann als zur Verfügung stellen sozialer Räume, die sowohl Anregung zum Lernen als auch Sicherheit vermitteln, zusammengefasst werden. Dabei geht es um die Schaffung von Gelegenheitsstrukturen unabhängig von Problemzuschreibungen.

Beide Ansätze unterstreichen die Bedeutung der Selbsttätigkeit. Um an konkrete Lebensinteressen anzuknüpfen, kommt der Gestaltung des kommunikativen Prozesses besondere Bedeutung zu: Zum einen, um durch Beschreiben der Lebenssituationen die Lernbegründungen der Teilnehmenden gemeinsam rekonstruieren zu können, zum anderen, um den Sinn und den Nutzen von Lernhandeln und dem Familienbildungsangebot herauszuarbeiten.

Die Inanspruchnahme ist freiwillig zu gestalten, jedoch als Anregung oder Unterstützung bei der Überführung von Handlungs- in Lernproblematiken und von nicht-intentionalem zu intentionalem Lernen begreifen. Dies kann durch die Einbettung in gemeinsame Alltagsaktivitäten erfolgen. Handlungsspielräume sollen durch das gemeinsame Einbringen von Bedeutungshorizonten bzw. Deutungen reflektiert und erweitert werden, beiden Ansätze zufolge kann dabei auf ‚wissenschaftliches' Wissen, auf ‚Außenkriterien' wie ‚kritische Gegenhorizonte' nicht verzichtet werden. Dennoch ist dabei die Anerkennung des Erfahrungshorizontes der Lernenden zentral, die sich in einem kooperativen Lernsetting bzw. der begleitenden Funktion der Familienbildner(innen) wiederspiegelt. Ebenfalls wichtig ist der einfache Zugang, der sich durch das Aufsuchen lebensweltlicher Lernorte umsetzen lässt.

In verschiedenen Projekten lassen sich Arbeitsinhalte und Vermittlungsformen finden, die in Ansätzen als lebensweltlich und/oder subjektorientiert bezeichnet werden und als konkrete Anhaltspunkte für eine Familienbildung mit benachteiligten Adressaten dienen können.

4.3.1 Schaffung integrierter sozialer Räume zur Unterstützung von Eigenaktivität und Selbsthilfe

Das aus Großbritannien stammende Konzept der ‚Pen Green'-Zentren knüpft in seiner Grundidee an die ersten Mütterschulen nach Fröbel und der gemeinsamen Beschäftigung von Eltern und Kindern an (vgl. Kap. 2.1.1). Mit Beginn der 1980er Jahre entstanden in Gebieten mit hoher Arbeitslosigkeits- und Armutsbelastung Häuser mit integrierten sozialen Diensten, die ein schnell erreichbares und flexibles Angebot für Kinder und Eltern vorhalten. Grundgedanke ist der einer lernenden Gemeinschaft, in der Erziehung, Bildung und Betreuung eine Einheit bilden (vgl. Wehinger 2005: 175 f).

Das konkrete Angebot besteht aus hochqualifizierter Kinderbetreuung[25] und offenen Kleinkindgruppen, Elternbildung und familienunterstützenden Diensten,

---

25 Gemäß dem „Early-Excellence-Programm", d. h. frühzeitiger und qualitativ hochwertiger Elementarpädagogik (ausführlich s. http://www.pfh-berlin/modellprojekte.de [18.05.05]).

einem allgemeinen Gesundheitsservice rund um die Geburt sowie für kranke und behinderte Kinder, Maßnahmen zur Verbesserung des Wohnumfeldes und zur Integration in den Arbeitsmarkt. Die Eltern werden sehr eng in die Betreuung der Kinder einbezogen. Darüber hinaus arbeiten sie häufig als bezahlte Teilzeitkräfte in den verschiedenen Bereichen des Zentrums, z. B. als Gruppenleitung, Familienhelfer(innen) oder in der Krippenbetreuung, mit (vgl. ebd.: 179). Ziel ist, neben einer intensiven frühkindlichen Förderung, die Einbindung der Eltern, um diese „konsequent an den Entwicklungsprozessen ihrer Kinder zu beteiligen" (Peucker/Riedel 2004: 10). Darüber hinaus geht es um die Stärkung der Eltern in ihrer allgemeinen Lebenssituation und ein bedarfsgerechtes Angebot für benachteiligte Familien (vgl. Kap. 3.1.3).

Die Intention der Aktivierung von Selbsthilfe findet sich auch im Konzept der Mütterzentren in Deutschland wieder, die ebenfalls zu Beginn der 1980er Jahre gegründet wurden. Auch hier geht es um Räume sozialen Lernens, in denen Mütter ihre Kompetenzen einbringen und weiter entwickeln sowie Zugehörigkeit und Anerkennung erfahren können (vgl. Weskamp 2002: 23). Die Übernahme – bezahlter und unbezahlter – gegenseitiger Kinderbetreuung, Beratung oder Dienstleistungen findet auf einer gleichwertigen Ebene von „Praxisexpertinnen" (ebd.: 25) statt. Das Konzept versteht sich als lebensweltliche Bildung: „Einblicke in andere Familiensituationen nehmen zu können, erhöht die Chance, strukturell angelegte Konflikte und Probleme, die sonst eher als individuelle, selbstverschuldete Probleme verstanden und behandelt werden, leichter zu erkennen und besser zu verarbeiten" (Gerzer-Sass 2004: 2). Die Erfahrung zeigt, dass sich dieser selbsthilfezentrierte Ansatz insbesondere für bildungsbenachteiligte Mütter als günstig erweist und mit der Förderung für den Familienalltag bedeutsame Fähigkeiten, wie Interessenausgleich, Konfliktfähigkeit oder Verantwortungsbewusstsein, verbunden werden konnte (vgl. ebd.: 3).

Entgegen dem Laien-mit-Laien-Prinzip der Mütterzentren gehört zum Konzept der ‚Pen Green'-Zentren jedoch die sehr gute – auch erwachsenenbildnerische – Qualifikation der Mitarbeiter(innen) in einem interdisziplinären Team. Flankiert werden die Zentren durch ein spezielles Programm für benachteiligte Familien mit Kindern unter 4 Jahren.[26] Dieses beinhaltet die kostenfreie Nutzung des Angebots und eine enge Anbindung durch aufsuchend tätige Mitarbeiterinnen des Zentrums. Diese führen Hausbesuche und Bedarfsabklärungen bei den Familien durch und stellen das Konzept vor. Dabei wird großer Wert auf eine gemeinsame Sprache gelegt, da „die meisten Eltern mit der Sprache und den Begriffen der Pädagogik nicht vertraut waren, was sie im Kontakt mit den Pädagog/innen oft unsicher machte" (Wehinger 2005: 181).

---

26   Das Programm „Sure Start" (s. unter URL: http://www.surestart.gov.uk [05.10.05]).

Die ortsnahe, zugehende und am alltäglichen Bedarf orientierte Gestaltung eines solchen Angebots ermöglicht für benachteiligte Familien einen einfachen Zugang zu unterschiedlichen Unterstützungsformen. ‚Helfende'/‚fürsorgerische' und ‚bildende' Angebote werden nebeneinander angeboten. Dabei wird der Einsatz hochqualifizierter Professioneller unterschiedlicher Fachgebiete mit der gezielten Einbindung von Eltern und ‚Abrufung' ihrer Kompetenzen verbunden. Das ressourcenorientierte Vorgehen erlaubt benachteiligten Adressaten, die häufig von erschöpften Kapazitäten ausgehen, eigene Potenziale zu entdecken und bietet gleichzeitig Zugang zu gezielter Entlastung. Vor diesem Hintergrund wird auch eine Erweiterung des Angebots um haushaltsnahe Dienstleistungen als günstig erachtet (vgl. Herre 2005: 56).

4.3.2 Das Aufsuchen alltäglicher Orte jenseits einer Problemzuschreibung

Die vermehrte Einbindung von Eltern in *Kindertagesstätten oder Schulen* ist ein Ansatz, der unter dem Stichwort „Erziehungspartnerschaften" (Wissenschaftlicher Beirat für Familienfragen 2005: 27 f) unabhängig von der Schaffung integrierter Zentren (s.o.) gegenwärtig hohe Aufmerksamkeit erfährt. Familienbildung findet hier in einer Geh-Struktur statt. Vor allem im Hinblick auf die Öffnung für benachteiligte Adressaten wird dies als erfolgversprechend gewertet, da der persönliche Kontakt zwischen Eltern und Betreuungspersonen einen selbstverständlicheren, nicht auf Erziehungsprobleme fokussierenden Charakter hat. So konnten beispielsweise mit der Einrichtung eines Elterncafés innerhalb des Kindergartens vermehrt Familien in prekären Lebenssituationen angesprochen werden (vgl. Braun/Knoll 2004: 51).

Als günstig erweist sich die Schaffung von Gelegenheitsstrukturen im Sinne einer „Bildung auf Abruf" (Landesinstitut für Schule und Weiterbildung 2001: 29), mit der die „Lernmotivation und Beteiligung von Eltern" ausgebaut werden kann (ebd.: 32). Wichtig ist dabei eine offene Atmosphäre ohne den Charakter von Belehrung. So zeigte die Praxis, dass die „Ansprechbarkeit der Mütter steigt, sobald die Rahmenbedingungen eine entspannte Beobachtung der Kinder zulassen und sich zwanglose Gespräche über deren Verhalten und Entwicklung ergeben" (Haug-Schnabel/Bensel 2003: 13). Dieser Ansatz kann als Unterstützung expansiver Lernprozesse (vgl. Kap. 4.1.1) betrachtet werden. Die Aufnahme von Familienbildung in Kindertagesstätten erfordert jedoch die erwachsenenbildnerische Qualifizierung des Personals, zu der das Gros der Einrichtungen zum derzeitigen Stand sowohl aufgrund der hohen personellen Belastung als auch gegensätzlicher Finanzierungsstrukturen nicht in der Lage ist (vgl. Peucker/Riedel 2004: 8).

Positive Erfahrungen werden ebenfalls aus aufsuchenden Ansätzen *im Übergang zur Elternschaft* berichtet. Als Beispiel für die Gestaltung eines einfachen und nicht-stigmatisierenden Zugangs lässt sich ein Projekt anführen, das als allgemeiner Besuchsdienst von Mitarbeiterinnen eines Familientreffs in der Geburtsklinik konzipiert ist. Durch das persönliche Gespräch, kombiniert mit einem Gutschein für das Angebot des Hauses (Café, Secondhand-Shop, Elternbildungsveranstaltungen etc.), konnte eine Rücklaufquote von 70-80% der ausgegebenen Bons erreicht werden. Die Offenheit und der Gesprächsbedarf der jungen Mütter wurden hier quer durch alle Gruppen als sehr hoch bezeichnet (s. Mengel/Oberndorfer/Rupp 2006).

Ein interessantes Ergebnis in diesem Kontext ist, dass durch die aufsuchende Arbeit die Nutzerstruktur des Familientreffs breiter wurde, die Integration zwischen den verschiedenen Bevölkerungsgruppen sich jedoch als schwieriger Prozess erwies, der professionell gestützt und gestaltet werden muss (vgl. ebd., 31 f). Dies verweist auf die Bedeutung milieuspezifischer sozialer Räume und homogener Gruppen zur Vermeidung wiederholter Unterprivilegierungserfahrungen (vgl. Kap. 3.5).

4.3.3 Lebensweltliche Mittler

‚Opstapje – Schritt für Schritt' ist ein präventives Frühförderprogramm aus den Niederlanden für benachteiligte Kinder bis zu vier Jahren. Ursprünglich für Migrantenfamilien konzipiert, um sprachliche Entwicklungsrückstände der Kinder auszugleichen, wurde es in inzwischen um die Zielgruppe deutscher benachteiligter Familien erweitert. Durch angeleitetes gemeinsames Spielen soll die Interaktion von Eltern und Kind gefördert und eine positive Wirkung auf die kindliche Entwicklung wie auch auf elterliche Erziehungskompetenzen erzielt werden.

Lebensweltliche Bildung wird hier umgesetzt zum einen in Form von aufsuchender Arbeit im Haushalt der Familie und dem Lernen in der konkreten Alltagssituation. Zum anderen wird das Programm von geschulten Laienhelferinnen aus dem sozialen Umfeld der Zielgruppe durchgeführt. Die tendenzielle Gleichrangigkeit im Verhältnis von ‚Familienbildnerin' und Eltern bei Verzicht auf den Expertenstatus soll die Akzeptanz der Multiplikatorinnen fördern (vgl. Kap. 3.5.2). Beide Strategien werden in der Evaluation der Maßnahme als erfolgreich gewertet (vgl. Sann/Thrum 2005: 41). Die Übungseinheiten mit speziellen Spielmaterialien sind in einem Curriculum festgelegt, um die Aufgabenstellung der semiprofessionellen Helferinnen genau zu fassen und einer Überfrachtung vorzubeugen. Auch werden die Multiplikatorinnen von ausgebildeten pädagogischen Kräften angeleitet und betreut, was entsprechend den Erfahrungen sehr engmaschig angelegt sein sollte (vgl. ebd.: 33 f).

Gemeinsame Gruppentreffen der teilnehmenden Familien unter Leitung der pädagogischen Mitarbeiter(innen) begleiten die Hausbesuche und dienen dem sozialen Austausch und der Wissensvermittlung. Dabei wird eine große Homogenität in der Gruppenzusammensetzung als vorteilhaft beschrieben (vgl. ebd.: 49; Kap. 3.6). Die Implementation des Angebots erfordert lange Vorlaufzeiten mit häufigen Kontaktaufnahmen zur Zielgruppe.

Die Auswertung der Maßnahme kommt zu positiven Ergebnissen: Trotz der langen Dauer von zwei Jahren brachen nur 16% der Eltern das Programm ab. Die Teilnehmenden schildern vor allem das intensivere gemeinsame Erleben mit dem Kind als Bereicherung (vgl. ebd.: 41 f). Der Einsatz lebensweltlicher Mittler(innen) in einem gut strukturierten Gesamtkonzept erscheint somit als geeignete Strategie einer Familienbildung mit benachteiligten Adressaten.

4.3.4 Verbindung von individueller und struktureller Ebene bei Anerkennung lebensweltlichen Wissens

‚FuN – Familie und Nachbarschaft' wurde als eines der wenigen Familienbildungsprogramme speziell zur Integration benachteiligter Familien entwickelt (s. Brixius/Koerner/Piltman 2005: 137-160). Es richtet sich an die gesamte Familie, d. h. Eltern, Kinder, Großeltern, und zielt vorrangig auf die Unterstützung der elterlichen Erziehungsautorität und Strukturbildung in der Familie. Gleichfalls im Zentrum steht die Förderung der familialen Netzwerke sowie der Integration in pädagogische Einrichtungen und den Stadtteil (vgl. ebd.: 158). In acht gegliederten Einheiten sollen Spiele und Übungen mit Eltern und Kindern sowie der gemeinschaftliche Austausch Lernfelder eröffnen und die Wahrnehmung füreinander stärken. Regelmäßiger Programmpunkt ist eine gemeinsame Mahlzeit, die wechselseitig von den Eltern vorbereitet wird. Die damit verbundene „soziale Anerkennung als Familie trägt deutlich zur Identität von Familien bei" (ebd.: 139).

Das Angebot findet im jeweiligen Sozialraum, meist in Kindergarten oder Grundschule, statt und wird durch die direkte Ansprache von Erzieher(inne)n bzw. Lehrer(inne)n vermittelt. In einem gemeinsamen Informationsgespräch wird auf eine anschauliche Beschreibung und Unterstreichung der positiven Wirkung des Programms geachtet, „ohne auf Erziehungsdefizite oder andere Probleme zu verweisen" (ebd.: 145) – mit sehr gutem Erfolg, denn in 80% der Fälle nehmen die angesprochenen Eltern teil. In der anschließenden halbjährigen begleiteten „Selbstorganisationsphase" (ebd.) steht der Aufbau von Nachbarschaftsbeziehungen und Abbau von Zugangsschwellen in Unterstützungseinrichtungen im Vordergrund. Das Konzept baut nicht auf die Vermittlung von ‚richtigem' Wissen und Fähigkeiten, sondern versteht Eltern als „Subjekte ihrer eigenen Lernprozesse, die sie durch ihre Bedürfnisse und Erfahrungen selbst steuern" (ebd.: 149). Die Aufgabe der speziell ausgebildeten ‚Teamer' besteht im Bereitstellen modellhafter Situationen zum spielerischen Lernen und zur Reflexion im Gespräch.

Die durchgeführte Evaluation berichtet von sehr positiven Rückmeldungen der Eltern im Hinblick auf eine veränderte Erziehungshaltung und eine vermehrte Einbindung in soziale Netze (vgl. ebd.: 154 f). Das Beispiel verdeutlicht, dass die benachteiligten Adressaten meist zugeschriebene ‚schwere Erreichbarkeit' sich durch die Auswahl eines lebensweltlichen und gezielten Zugangs bei gleichzeitiger Anerkennung des konstruktiven Beitrags der Eltern fachlich begegnen lässt.

4.3.5 Vernetzte Armutsprävention

Den Besonderheiten benachteiligter Lebenslagen entsprechend hat Familienbildung die Aufgabe, explizit Angebote zur Armutsprävention und zur Verbesserung der allgemeinen Lebenssituation zu machen (vgl. Kap. 3.1.3). Dabei erweist sich das koordinierte und vernetzte Vorgehen als hilfreich. In einem einrichtungs- und trägerübergreifenden Gesamtkonzept können sowohl Bedarfe und Ressourcen aus den verschiedenen Bereichen umfassend analysiert als auch die fachliche Arbeit durch die Explizierung von Handlungsfeldern und abgestimmten Vorgehensweisen vorangetrieben werden.

Als positive Ergebnisse des vernetzten Arbeitens werden u. a. das schnelle und deutliche Sichtbarwerden von Erfolgen sowie die Entwicklung neuer institutioneller Kooperationsbeziehungen als gute Ausgangsbasis für langfristige Zielüberlegungen geschildert (s. u. a. Schlevogt 2003). Auch von einer früheren und verbesserten Zielgruppenerreichung durch vermehrte und gezielte Öffentlichkeitsarbeit wird aus Kooperationsprojekten berichtet (s. u. a. Bartscher 2004; Stillger 2001).

Die sich aktuell verbreitenden Kooperationsbündnisse für Familien auf kommunaler Ebene[27] könnten als eine Möglichkeit genutzt werden, sich vermehrt an den Lebenskontexten und -bedarfen benachteiligter Familien auszurichten. Gerade im Hinblick auf Familien, die von Armut, Arbeitslosigkeit und

---

27 Beispielsweise das „Bündnis für Familie" (s. URL: http://buendnisse-fuer-familie.de) oder speziell für soziale Brennpunkte das Programm „E&C" (s. URL: http://www.eundc.de), das inzwischen leider ausgelaufen ist.

der Abhängigkeit von staatlichen Transferleistungen betroffen sind, könnten Konzepte entwickelt werden, die auf der Grundlage von Kooperationsbeziehungen existenzsichernde und familienbildende Angebote verbinden.[28]

Vor dem Hintergrund einer subjekt- und lebensweltorientierten Arbeitsweise kann dies jedoch nicht bedeuten, Familienbildung als neue Form der „Elternqualifizierung" (Rauschenbach 2005: 6) zum verpflichtenden Bestandteil von Fördermaßnahmen zu machen und defensive Lernprozesse fortzuführen. Die Ausgangsfrage vernetzter Konzepte sollte vielmehr lauten, wie in die Familienbildung Möglichkeiten der ökonomischen und der bildungsbezogenen (schulisch, beruflich, haushälterisch) Ressourcenförderung (vgl. Kap. 3.1.3) integriert werden können.

Anhand der ausgewählten Beispiele lässt sich verdeutlichen, dass Konzepte, die gezielt an den Interessen benachteiligter Adressaten ansetzen wollen und dabei subjekt- und/oder lebensweltorientierte Vorgehensweisen aufgreifen, sich in der Praxis bewähren. Ein Schlüssel für erfolgreiches Arbeiten scheint dabei in Angebotsformen zu liegen, in denen sich „bislang Getrenntes verbinden" lässt (Herre 2005: 56): Kindererziehung und -betreuung mit Themen der alltäglichen Lebensführung und lebensweltlicher Bildung, verschiedene Professionen und pädagogische Settings wie auch professionelle Unterstützung mit Elternselbsthilfe. Dem beschriebenen Balanceakt der Familienbildung von Integration bei gleichzeitig notwendiger Differenzierung ihrer Unterstützungsformen (vgl. Kap. 2.2.2) kann auf diese Weise Rechung getragen werden. Welche Handlungsfelder lassen sich nun insgesamt im Hinblick auf eine Familienbildung mit benachteiligten Adressaten ausmachen?

---

28 Derzeit ist eine ‚Infobörse' im Aufbau mit dem Ziel, Projekte gegen Armut und soziale Ausgrenzung systematisch zusammenzustellen und praxisbewährte Handlungsansätze zu bündeln (s. URL: http://iss-ffm-projekt-infoboerse.de [15.05.06]).

5 Schlussbetrachtung und zukünftige Handlungsfelder

Familienbildung soll als unterstützende Leistung allen Erziehenden, unabhängig von Lebensform und sozialer Lage, zugänglich zu sein. Die Analyse der Situation von Familienbildung zeigt jedoch ein ambivalentes Bild: Zwar ermöglicht die doppelte Verankerung der Familienbildung eine Vielfalt an Trägern, Institutionen und Fördermitteln, die prinzipiell den ebenso vielgestaltigen Interessen von Erziehenden gerecht werden könnte. Faktisch erweist sich die Angebotsstruktur vorrangig für Eltern, respektive Mütter, aus mittleren sozialen Milieus als ansprechend.

Dabei scheint sich die Dopplung der finanziellen Förderstrategien eher nachteilig auf die Weiterentwicklung organisatorischer und personeller Strukturen hin zu einer vermehrten Öffnung für benachteiligte Adressaten auszuwirken. Auch die doppelte Identität der Familienbildung in Fürsorge und Erwachsenenbildung mag einerseits einem integrativen Bildungsverständnis zuträglich sein, sie fördert jedoch auch spezifische Distanzen, die aus einem diffusen Auftrag und Erscheinungsbild der Familienbildung resultieren. Zwar haben sich in der jüngsten Zeit vermehrt spezifische Ansätze entwickelt, die sich an benachteiligten Adressaten orientieren. Aktuelle Bestandaufnahmen kommen jedoch zu der Einschätzung, dass nach wie vor „sowohl in den Zielsetzungen als auch im faktischen Angebot (...) Familien mit besonderen Belastungen unterrepräsentiert" sind (Lösel 2006: 12). In der Breite weist ein Vergleich der Daten mit früheren Erhebungen sogar auf einen Rückgang des Anteils von Nutzer(inne)n aus benachteiligten Lebenslagen hin. Eine ausreichende Anzahl bedarfsgerechter Angebote stellt aber eine Voraussetzung für das vielgeforderte ‚Erreichen' benachteiligter Adressatengruppen dar.

Die vielfältigen Praxiserfahrungen und Wissensbestände der Familienbildung sind zudem verstreut und es besteht ein Mangel an theoretischen Aufarbeitungen, die die unterschiedlichen – meist impliziten – Menschenbilder, Zielvorstellungen und Arbeitsweisen aus verschiedenen Perspektiven aufeinander beziehen und notwendige Unterscheidungen für eine professionelle Profilbildung treffen.

Als besonders gravierend im Hinblick auf benachteiligte Familien erweist sich das relative Fehlen von Erkenntnissen über Interessen und Zugangshürden aus Adressatensicht. Der Rückgriff auf Ergebnisse der Erwachsenenbildungsforschung machte indes deutlich, dass innerhalb benachteiligter sozialer Milieus spezifische Lernerfahrungen, Bildungsverständnisse und dementsprechend auch Barrieren für die Wahrnehmung von Bildungsangeboten vorliegen. Diese lassen sich als fehlender Bezug zum alltäglichen Lernen und Handeln, fehlendes Vertrauen in die soziale Rahmung und in den Schutz vor Dequalifizierung wie auch in den Sinn des Bildungsangebots charakterisieren.

Bei der Frage nach theoretisch-didaktischen Konzepten einer Familienbildung mit benachteiligten Adressaten kristallisiert sich zum einen die Bedeutung der subjektiven Gründe für die Aufnahme von Lernhandlungen und zum anderen der lebensweltliche Bezug der Bildungsinhalte heraus. Dementsprechend werden für die Ausgestaltung von Familienbildung mit benachteiligten Familien Arbeitsweisen für günstig befunden, die sich am aktiv handelnden Subjekt und der lebensweltlichen Eingebundenheit von Lernen orientieren. Legt man, wie innerhalb der vorangegangen Ausführungen geschehen, Familienbildung mit benachteiligten Adressaten eine subjekt- und lebensweltorientierte Arbeitsweise zugrunde, so geht es zunächst darum, ‚soziale Räume' einzurichten, die atmosphärisch ansprechend sowie unaufwändig zu erreichen und wahrzunehmen sind – insbesondere auch in finanzieller Hinsicht. Aus Sicht der Subjekte müssen Lernangebote interessant und nützlich, weil die eigenen Handlungsspielräume erweiternd, sein. Daraus folgt, die Lebenskontexte und Lernbegründungen benachteiligter Adressaten nachzuvollziehen und sich dafür zu interessieren. Da defensives Lernhandeln in aller Regel negativ bewertet wird, sollten Angebote ohne Druck und als tatsächliches Angebot, dafür mit einem ‚anregenden Gelegenheitscharakter' gestaltet sein.

Die Prämissen der Eigenwilligkeit der Subjekte und der Bedeutung lebensweltlichen Widerstands liefern zudem eine sinnvolle Reflexionshilfe zur Identifikation normativer Fragestellungen und Zuschreibungen. So enthält die eingangs zitierte sogenannte ‚schwere Erreichbarkeit' benachteiligter Familien immer ein Anliegen derer, die erreichen wollen. Die prinzipielle Anerkennung von Eigensinn und Widerstand soll weder subjektive Handlungsgründe noch lebensweltliches Wissen verklären. Doch können so implizite und normative Anliegen und Hierarchien sichtbar und damit der pädagogischen Bearbeitung zugänglich gemacht werden.

Die Prämisse einer milieusensiblen Vorgehensweise ermöglicht zudem, das ebenfalls im Begriff latent unterstellte nicht ausreichende Interesse benachteiligter Adressaten an Familien- und Erziehungsthemen vor dem Hintergrund habitueller Ausschließungs- und Selbstausschließungsmechanismen zu betrachten.

Eine so verstandene Familienbildung erscheint demzufolge geeignet, Stigmatisierungen in der Arbeit mit benachteiligten Adressaten vorzubeugen. Da das Herausgreifen eines bestimmten ‚Merkmals' immer ein Vorgang ist, der heterogene Bedarfe und Bewältigungsstrategien tendenziell vernachlässigt, muss dessen Angemessenheit jedoch fortlaufend geklärt werden. Im Beispiel der homogenen Teilnehmergruppen heißt dies immer wieder zu fragen, wann eine solche Spezialisierung sinnvoll und nützlich ist und wann sie gegenteilig wirkt.

Die angeführten Praxisbeispiele können indes zeigen, dass, sofern sich Angebote der Familienbildung an den Lebens- und Lernkontexten benachteiligter Adressaten orientieren, diese durchaus offen angenommen werden. Nach ‚außen' integrierte und nach ‚innen' differenzierte Konzepte, die verschiedene pädagogische Arbeitsweisen mit Selbsthilfe verbinden, erscheinen hier günstig.

Familienbildung mit benachteiligten Adressaten bewegt sich im Spannungsfeld von Fürsorge/Sozialer Arbeit und Erwachsenenbildung, d.h. im Spannungsfeld von Kindeswohl und dem Bedarf an Entlastung und Hilfe bei der Bewältigung von Benachteiligung einerseits sowie der grundlegenden Selbsttätigkeit von Eltern als erwachsenen Lernen und ihrem Bedürfnis nach Autonomie, nach Selbstverfügung, andererseits. Bildung übernimmt dabei die Funktion einer gemeinsamen „Suchbewegung" (Tietgens 1986: 31), sie unterstreicht den bewussten Handlungsspielraum im Verfügbarmachen der eigenen Lernprozesse und erkennt die Vielfältigkeit der Lernformen Erwachsener an. Sie trägt dazu bei, eigene Handlungsspielräume im Kontext der Lebenslage auszuloten, personale und soziale Ressourcen zu stärken und Eltern in der „Arbeit an sich selbst in der Auseinandersetzung mit der Umwelt" (ebd.) – in ihrer Erziehung und im Zusammenleben als Familie – zu unterstützen.

Auf Grundlage der vorangegangenen Ausführungen können verschiedene zukünftige Handlungsfelder einer Familienbildung mit benachteiligten Adressaten ausgemacht werden.

Strukturelle Absicherung von Familienbildung mit benachteiligten Adressaten: Die Öffnung von Angeboten für benachteiligte Familien bedarf längerfristig angelegter Lernprozesse – sowohl auf Seiten der Organisation und ihrer Mitarbeiter(innen) als auch der Adressaten. Nötig sind demnach nicht alleine *mehr* Mittel, sondern allen voran stabile Finanzierungsstrategien, die zielgerichtete und vor allem nachhaltige Entwicklungen ermöglichen. Darunter fällt auch, tragfähige rechtliche Möglichkeiten der Co-Finanzierung von grundsätzlich kostengünstigen oder kostenlosen Angebote für benachteiligte Adressaten zu schaffen.

Ausbau der Forschung zu einer Wissenschaft der Familienbildung: Um das ‚Rad nicht immer wieder neu erfinden zu müssen', ist das systematische Aufarbeiten und Zugänglichmachen der Erfahrungen aus der Praxis wichtig. Gleichzeitig bedarf es eines interdisziplinären Forschungsansatzes und der integrativen Theoriebildung. Disziplinübergreifende Zugänge zum Lernen in der Familie, die die große Vielfalt und Breite verschiedener Lernformen erfassen, sind dabei ebenso notwendig wie die theoretische Auseinandersetzung mit den verschiedenen Perspektiven von Andragogik, Elementarbildung, Entwicklungspsychologie und Sozialer Arbeit. Dies fördert einerseits die Ausbildung des eigenen fachlichen Selbstverständnisses und von Handlungssicherheit. Zu wissen, was Familienbildung ‚tut‘, soll, kann, aber auch nicht kann, ist andererseits notwendig, um sich gegenüber politischen Anforderungen verorten zu können.

Von grundsätzlicher Bedeutung ist eine Schwerpunktsetzung in der Adressatenforschung, um zu weiterführenden Erkenntnissen bei der milieuspezifischen und lebensweltlich vorgeprägten Rahmung von Lernen und auch zu subjektiven Lernbegründungen explizit in der Familienbildung zu gelangen.

Die weitere Professionalisierung der Praxis: Familienbildend Tätige benötigen spezifisches Wissen vom Lernen Erwachsener und entsprechende Kompetenzen. Kooperative Lernsettings und lebensweltliche Vorgehensweisen, wie sie mit benachteiligten Adressaten angezeigt erscheinen, erfordern ausgeprägte kommunikative Fähigkeiten. Milieusensible Arbeitsweisen bedürfen einer soliden Vorbereitung auf die Zielgruppe. Auch die Zusammenarbeit mit semiprofessionellen Multiplikator(inn)en oder die verstärkte Einbindung von Selbsthilfeaktivitäten machen nicht weniger, sondern mehr und spezifische Qualifikationen nötig. Hauptamtliche Kräfte sind demzufolge angewiesen auf ausreichende Ressourcen für die fachlich-konzeptionelle Weiterentwicklung und für Vernetzungsprozesse im Sozialraum.

Die Einnahme einer andragogische Perspektive in der Familienbildung bietet indes die Möglichkeit, ihren pädagogischen Arbeitsauftrag zwischen den widersprüchlichen Anforderungen aus subjektiven Teilnahmemotiven und gesellschaftlichen Ansprüchen fachlich ‚abzusichern‘ und sich hinsichtlich einer verbesserten Teilhabe *aller* Erziehenden an Familienbildung – jenseits von Defizitzuschreibungen – zu positionieren.

Literatur

Alheit, Peter (1983): „Lebensweltorientierung" – Symptom einer Krise in der Weiterbildung? In: Schlutz, Erhard (Hrsg.): Erwachsenenbildung zwischen Schule und sozialer Arbeit. Theorie und Praxis der Erwachsenenbildung. Bad Heilbrunn: Klinkhardt. 155-167

Allensbach [Institut für Demoskopie Allensbach] (2004): Einflussfaktoren auf die Geburtenrate. Ergebnisse einer Repräsentativbefragung der 18- bis 44-jährigen Bevölkerung. URL: http://www.ifd-allensbach.de/pdf/akt_0407.pdf [18.11.05]

Alt, Christian (2004): Kinder in Deutschland – alle glücklich oder was? Lebenswelten von Kindern in einer sich ändernden Gesellschaft. In: Das Online-Familienhandbuch. URL: http://www.familienhandbuch.de/cmain/f_Fachbeitrag/a_Kindheitsforschung/s_1467.html [17.10.05]

Arnold, Rolf (1989): Lebensweltbezogene Erwachsenenbildung – Zu den Implikationen eines didaktischen Anspruchs. In: Zeitschrift für internationale erziehungs- und sozialwissenschaftliche Forschung. H. 1.29-51

Arnold, Rolf (2001): Lebenswelt. In: Arnold, R./Nolda, S./Nuissl, E. (Hrsg.): Wörterbuch der Erwachsenenpädagogik. Bad Heilbrunn: Klinkhardt. 188-189

Axmacher, Dirk (1990): Alltagswissen, Fachschulung und „kultureller Imperialismus". Grenzen des Lebenswelt-Ansatzes in der Erwachsenenbildung. In: Grundlagen der Weiterbildung. H. 1. 27-30

Bartscher, Matthias (2004): Die Hammer Elternschule: Kooperation und Vernetzung auf kommunaler Ebene. In: Institut für Entwicklungsplanung und Strukturforschung (Hrsg.): Familienbildung vor Ort – Bildungsarbeit in Netzwerken. Netzwerk für örtliche und regionale Familienpolitik. Rundbrief Februar 2004. 14-20

Barz, Heiner (2000): Weiterbildung und soziale Milieus. Neuwied, Kriftel: Luchterhand

Barz, Heiner/Tippelt, Rudolf (1994): Lebenswelt, Lebenslage, Lebensstil und Erwachsenenbildung. In: Tippelt, Rudolf (Hrsg.): Handbuch Erwachsenenbildung/Weiterbildung. Opladen: Leske + Budrich. 123-146

Barz, Heiner/Tippelt, Rudolf (2004a): Weiterbildung und soziale Milieus in Deutschland. Band 1. Praxishandbuch Milieumarketing. Bielefeld: Bertelsmann Verlag

Barz, Heiner/Tippelt, Rudolf (2004b): Weiterbildung und soziale Milieus in Deutschland. Band 2. Adressaten- und Milieuforschung zu Weiterbildungsverhalten und -interessen. Bielefeld: Bertelsmann Verlag

Barz, Heiner/Tippelt, Rudolf (2004c): Das Forschungsvorhaben im Überblick. In: Barz, H./Tippelt, R. (Hrsg.): Weiterbildung und soziale Milieus in Deutschland. Band 2. Bielefeld: Bertelsmann Verlag. 8-18

Bayerisches Landesjugendamt (1994): Förderung der Erziehung in der Familie. Eine Dokumentation zu den Leistungen der Jugendhilfe nach § 16 SGB VIII. München: Aldi-Verlag

Beck, Ulrich (1986): Risikogesellschaft. Auf dem Weg in die andere Moderne. Frankfurt/M.: Suhrkamp

Beck-Gernsheim, Elisabeth (1990): Alles aus Liebe zum Kind. In: Beck, U./Beck-Gernsheim, E. (Hrsg.): Das ganz normale Chaos der Liebe. Frankfurt/M.: Suhrkamp. 135-183

Becker, Rolf/Lauterbach, Wolfgang (2002): Familie und Armut in Deutschland. In: Nave-Herz, Rosemarie (Hrsg.): Kontinuität und Wandel der Familie in Deutschland. Eine zeitgeschichtliche Analyse. Stuttgart: Lucius & Lucius. 159-182

Bender, Walter (1991): Subjekt und Erkenntnis. Über den Zusammenhang von Bildung und Lernen in der Erwachsenenbildung. Weinheim: Deutscher Studien Verlag

Bender, Walter (2004): Das handelnde Subjekt und seine Bildung. In: Bender, W./Groß, M./ Heglmeier, H. (Hrsg.): Lernen und Handeln. Eine Grundfrage der Erwachsenenbildung. Schwalbach/Ts.: Wochenschau Verlag. 38-49

Bierschock, Kurt P. (1998): Die Integration der Familienbildung in die Jugendhilfe. Stand und Perspektiven. In: Bierschock, K. P./Oberndorfer, R./Walter, W. (Hrsg.): Von den Elternbriefen zur Familienarbeit. Inhalte, Organisation, Wirkungsweise der Familienbildung. Bamberg: ifb-Materialien 2-98. 58-70

Blossfeld, Hans-Peter/Timm, Andreas (1997): Der Einfluss des Bildungssystems auf den Heiratsmarkt. In: Kölner Zeitschrift für Soziologie und Sozialpsychologie. Jg. 49. H. 4. 440-476

BMFSFJ [Bundesministerium für Jugend, Familien, Frauen und Gesundheit] (1986): Jugendhilfe und Familie – die Entwicklung familienunterstützender Leistungen der Jugendhilfe und ihre Perspektiven. Siebter Jugendbericht. Bonn

BMFSFJ [Bundesministerium für Jugend, Familien, Frauen und Gesundheit] (1990): Achter Kinder- und Jugendbericht. Bonn

BMFSFJ [Bundesministerium für Familie, Senioren, Frauen und Jugend] (1996): Familienbildung als Angebot der Jugendhilfe. Aufgaben und Perspektiven nach dem Kinder- und Jugendhilfegesetz Sozialgesetzbuch VIII. Schriftenreihe Bd. 120. Stuttgart Berlin Köln: Kohlhammer

BMFSFJ [Bundesministerium für Familie, Senioren, Frauen und Jugend] (1998): Zehnter Kinder- und Jugendbericht. Bericht über die Lebenssituation von Kindern und die Leistungen der Kinderhilfen in Deutschland. Bonn

BMFSFJ [Bundesministerium für Familie, Frauen, Senioren und Jugend] (2005a): Zwölfter Kinder- und Jugendbericht. Bericht über die Lebenssituation junger Menschen und die Leistungen der Kinder- und Jugendhilfe in Deutschland. Berlin

BMFSFJ [Bundesministerium für Familie, Senioren, Frauen und Jugend] (2005b): Kinder- und Jugendhilfe (Achtes Buch Sozialgesetzbuch). Berlin

BMFSFJ [Bundesministerium für Familie, Senioren, Frauen und Jugend] (2006): Bessere Unterstützung für benachteiligte Kinder. Newsletter vom 10.01.06. URL: http://www.bmfsfj.de/Politikbereiche/familie,did=65864.html [12.01.06]

BMGS [Bundesministerium für Gesundheit und Soziale Sicherung] (2005): Lebenslagen in Deutschland. Der 2. Armuts- und Reichtumsbericht der Bundesregierung. Bonn

Bolder, Axel/Hendrich, Wolfgang (2000): Fremde Bildungswelten. Alternative Strategien lebenslangen Lernens. Opladen: Leske + Budrich

Borchers, Andreas (2004): Begrüßung und Einleitung. In: Institut für Entwicklungsplanung und Strukturforschung (Hrsg.): Familienbildung vor Ort – Bildungsarbeit in Netzwerken. Netzwerk für örtliche und regionale Familienpolitik. Rundbrief Februar 2004. 3

Borchert, Manfred/Derichs-Kunstmann, Karin (1979): Teilnehmerorientierung als Prinzip politischer Elternbildung. In: Claußen, Bernhard (Hrsg.): Elternbildung als Aufgabe politischer Bildung. Bonn: Schriftenreihe der Bundeszentrale für politische Bildung. 107-123

Bourdieu, Pierre (1987): Die feinen Unterschiede. Kritik der gesellschaftlichen Urteilskraft. Frankfurt/M.: Suhrkamp

Bourdieu, Pierre/Passeron, Jean-Claude (1971): Die Illusion der Chancengleichheit. Stuttgart: Ernst Klett Verlag

Braun, Marlen/Knoll, Jörg (2004): Modellprojekt „Familienbildung in Kindertageseinrichtungen". Wissenschaftliche Begleitforschung. Abschlussbericht. Leipzig: Lehrstuhl für Erwachsenenbildung

Breloer, Gerhard (1979): Zielgruppenarbeit als didaktisches Konzept der Erwachsenenbildung – Erfahrungen und Perspektiven. In: eb. Berichte und Informationen der Erwachsenenbildung in Niedersachsen. 11. Nr. 25. 1-4

Breloer, Gerhard/Dauber, Heinrich/Tietgens, Hans (Hrsg.) (1980): Teilnehmerorientierung und Selbststeuerung in der Erwachsenenbildung. Braunschweig: Westermann

Bremer, Helmut (1999): Soziale Milieus und Bildungsurlaub. Hannover: agis-texte

Bremer, Helmut (2004): Milieus, Habitus, soziale Praxis und Lernen. In: Faulstich, P./Ludwig, J. (Hrsg.): Expansives Lernen. Baltmannsweiler: Schneider Verlag Hohengehren. 263-274

Bremer (2005a): Milieus – Selektivität – Selbstlernen. Vortrag auf der Jahrestagung „Teilhabe an der Erwachsenenbildung und gesellschaftliche Modernisierung" der Sektion Erwachsenenbildung der Deutschen Gesellschaft für Erziehungswissenschaft am 23.09.05 in Potsdam. Unveröffentlichtes Handout

Bremer, Helmut (2005b): Habitus, soziale Milieus und die Qualität des Lebens, Lernens und Lehrens. In: Report. Literatur- und Forschungsreport Weiterbildung. 28. Jg. H. 1. 55-62

Brixius, Bernd/Koerner, Sabina/Piltman, Birgit (1999): Innovationsprojekt in der Familienbildung. Qualifizierung von PädagogInnen im regionalen Verbund zum Umgang mit veränderten Familienwirklichkeiten und TeilnehmerInnen-Interessen. Dokumentation. Soest: Landesinstitut für Schule und Weiterbildung

Brixius, Bernd/Koerner, Sabina/Piltman, Birgit (2005): FuN – der Name ist Programm – Familien lernen mit Spaß. In: Tschöpe-Scheffler, Sigrid (Hrsg.): Konzepte der Elternbildung – eine kritische Übersicht. Opladen: Verlag Barbara Budrich. 137-160

Brödel, Rainer (1997): Modernisierung und Erwachsenenbildung. Opladen: Leske + Budrich

Brödel, Rainer (1999): Lebensführung – Dimension der Erwachsenenbildung. In: Arnold, R./ Gieseke, W./Nuissl, E. (Hrsg.): Erwachsenenpädagogik – Zur Konstitution eines Faches. Baltmannsweiler: Schneider Verlag Hohengehren. 221-234

Brüning, Gerhild (2002): Benachteiligte in der Weiterbildung. In: Brüning, G./Kuwan, H. (Hrsg.): Benachteiligte und Bildungsferne – Empfehlungen für die Weiterbildung. Bielefeld: Bertelsmann Verlag. 7-117

Butterwegge, Christoph/Klundt, Michael (2002): Kinderarmut und Generationengerechtigkeit. URL: http://www.familienhandbuch.de/cms/kindheitsforschung-kinderarmut.pdf [18.10.05]

Chassé, Karl August/Zander, Margherita/Rasch, Konstanze (2003): Meine Familie ist arm. Wie Kinder im Grundschulalter Armut erleben und bewältigen: Opladen: Leske + Budrich

Claußen, Bernhard (1979): Elternbildung als Aufgabe politischer Bildung. Bonn: Schriftenreihe der Bundeszentrale für politische Bildung

Cyprian, Gudrun (2003): Gesellschaft, Erziehung und Eltern heute. In: Bündnis für Familie (Hrsg.): Stark durch Erziehung – die Kampagne Erziehung. Nürnberg: emwe-Verlag. 21-32

Das Paritätische Bildungswerk [Landesverband NW e.V.] (2003): Innovation in der Familienbildung. Projekt zur Qualitätsentwicklung als Beitrag der Familienbildungsstätten in Nordrhein-Westfalen zum einrichtungsübergreifenden Wirksamkeitsdialog. Zwischenbericht. URL: http://www.sfs-dortmund.de/forsch/docs/familienbild2002.pdf [10.12.05]

Der Spiegel (2006): Unter Wölfen. H. 10. 76-84

Dewe, Bernd (1983): Erwachsenenbildung als lebenspraktischer Erkenntnisprozess. Zum Prinzip einer mäeutischen Erwachsenenpädagogik. In: Unterrichtswissenschaft. H. 3. 294-307

Diewald, Martin (1991): Soziale Beziehungen: Verlust oder Liberalisierung? Soziale Unterstützung in informellen Netzwerken. Berlin: edition sigma

Ecarius, Jutta (2002): Familienerziehung im historischen Wandel. Eine qualitative Studie über Erziehung und Erziehungserfahrungen von drei Generationen. Opladen: Leske + Budrich

Eichler, Petra (2003): Erziehungskompetenz stärken – Beschluss der Jugendministerkonferenz 2003. In: Regiestelle E&C der Stiftung SPI (Hrsg.): 10. E&C Zielgruppenkonferenz: Familien im Zentrum. Integrierte Dienste im Stadtteil. Dokumentation. Berlin

Engstler, Heribert/Menning, Sonja (2003): Die Familie im Spiegel der amtlichen Statistik. Berlin: Bundesministerium für Familie, Senioren, Frauen und Jugend

Faulstich, Peter (2005): Aufklärung und Bildung. Zum 100. Geburtstag von Willy Strzelewicz. In: Hessische Blätter für Volksbildung. 55. Jg., H. 4. 291-299

Faulstich, Peter/Ludwig, Joachim (2004): Lernen und Lehren – aus subjektwissenschaftlicher Perspektive. In: Faulstich, P./Ludwig, J. (Hrsg.): Expansives Lernen. Baltmannsweiler: Schneider Verlag Hohengehren. 10-28

Forsa (2005): Erziehung, Bildung und Beratung. Ergebnisse einer repräsentativen Befragung junger Eltern. URL: http://www.bmfsfj.de/bmfsfj/generator/RedaktionBMFSFJ/Pressestelle/Pdf-Anlagen/forsa-umfrage,property=pdf.pdf [30.10.05]

Friedrich, Monika/Remberg, Annette (2005): Wenn Teenager Eltern werden... Lebenssituation jugendlicher Schwangerer und Mütter sowie jugendlicher Paare mit Kind. Köln: Bundeszentrale für gesundheitliche Aufklärung

Fthenakis, Wassilios E./Kalicki, Bernhard/Peitz, Gabriele (2002): Paare werden Eltern. Die Ergebnisse der LBS-Familien-Studie. Opladen: Leske + Budrich

Fuchs, Kirsten (2005): Die Familienbildungslandschaft: Zwischen Tradition und Vision. Unveröffentlichtes Vortragsmanuskript der Tagung „Von Pisa-Kids, ratlosen Eltern und Super-Nanny's" am 06.07.05 in München

Garst, Anneke (2004): Familienplanung junger Menschen: „Casa Luna" – ein Projekt für Teenagermütter. In: Regiestelle E&C (Hrsg.): Lebens- und Familienentwürfe junger Menschen in sozialen Brennpunkten. Dokumentation des E&C-Werkstattgesprächs am 26.10.04 in Berlin. 9-11

Geier, Boris (2006): Erziehungskompetenz: Der Wille zum Erfolg. DJI Kinderpanel. In: DJI Bulletin 77. H. 4. 14

Gerzer-Sass, Annemarie (2004): Thesen zu „Rückeroberung von Elternkompetenzen – Eltern gründen Betreuungsnetze". URL: http://www.familienhand-buch.de/cms/Familienbildung-Erziehungskompetenz.pdf [18.10.06]

Geßner, Thomas (2004): „Ich sehe was, was du nicht siehst!" – Die Konstruktion von Benachteiligung und die Selbstrechtfertigung der Jugendberufshilfe. In: Der pädagogische Blick. 12. Jg. H. 1. 16-25

Gieseke, Wiltrud (1990): Arbeitsformen feministischer Zielgruppenarbeit. In: Mader, Wilhelm (Hrsg.): Weiterbildung und Gesellschaft. Grundlagen wissenschaftlicher und beruflicher Praxis in Deutschland. Band 17. Universität Bremen

Gröne, Susanne (2005): Trennung und Scheidung in der Familienbildung. Vom (Wieder-)Erlernen des aufrechten Gangs. Tönning [u.a.]: Der Andere Verlag

Grotlüschen, Anke (2002): Grundlagen der subjetwissenschaftlichen Lerntheorie. URL: http://www.erzwiss.uni-hamburg.de/personal/grotlueschen/lernen2002/ kh. [16.10.2002]

Hanesch, W./Adamy, W./Martens, R./Rentzsch, D./Schneider, U./Schubert, U./Wißkirchen, M. (1994): Armut in Deutschland. Der Armutsbericht des DGB und des Paritätischen Wohlfahrtsverbandes. Reinbeck bei Hamburg: Rowohlt

Haug-Schnabel, Gabriele/Bensel, Joachim (2003): Niederschwellige Angebote zur Elternbildung. Rechercheberich. Kandern: Forschungsgruppe Verhaltensbiologie des Menschen (FVM).

Hauser, Richard/Hübinger, Werner (1993): Arme unter uns. Teil I: Ergebnisse und Konsequenzen der Caritas Armutsuntersuchung. Freiburg: Deutscher Caritasverband

Hebenstreit-Müller, Sabine (2005): Familienbildungspraxis: Wer für wen mit welchen Mitteln? Moderiertes Expert/-innen-Gespräch am runden Tisch. In: AWO Bundesverband e.V. (Hrsg.): Familienbildung! Pflicht oder Kür? Fachtagung zum Abschluss des Bundesmodellprojektes „Mobile Elternschule". Schriftenreihe Theorie und Praxis. 28-44. URL: http://www.familienbildung.info/dokumente/FachtagungPflicht-Kuer.pdf [17.02.06]

Herre, Petra (2005): FamilienBildung – quo vadis? In: forum erwachsenenbildung. H. 4. 51-58

Hettlage, Robert (1994): Familie – ein vorschneller Abgesang? In: Soziologische Revue. 17. Jg. Sonderheft 3. 60-68

Hock, Beate/Holz, Gerda/Simmedinger, Renate/Wüstendörfer, Werner (2000): Gute Kindheit – Schlechte Kindheit? Armut und Zukunftschancen von Kindern und Jugendlichen in Deutschland. Abschlussbericht zur Studie im Auftrag des Bundesverbandes der Arbeiterwohlfahrt. Frankfurt/M.: ISS-Eigenverlag

Hofäcker, Dirk (i.E.): Globalisierung und die Entwicklung von Erwerbs- und Familienverläufen im internationalen Vergleich. In: Buchholz, S./Höfäcker, D./Kleine, L./Limmer, R./Rupp, M. (Hrsg.): Tagungsband zur gemeinsamen Fachtagung der Arbeitsgemeinschaft Familie (AGF) und des Staatsinstituts für Familienforschung an der Universität Bamberg, Bamberg: ifb-Materialien 2/2007. 39-61

Holz, Gerda/Richter, Antje/Wüstendörfer, Werner/Giering, Dietrich (2005): Zukunftschancen für Kinder !? – Wirkung von Armut bis zum Ende der Grundschulzeit. Zusammenfassung des Endberichts der 3. Phase der AWO-ISS-Studie. URL: http://www.iss-ffm.de/downloads/zukunftschancen_ kinder.pdf [13.02.06]

Holzkamp, Klaus (1995): Lernen. Eine Subjektwissenschaftliche Grundlegung. Frankfurt/M.: Campus

Holzkamp, Klaus (2004): Wider den Lehr-Lern-Kurzschluss. Interview zum Thema Lernen. In: Faulstich, P./Ludwig, J. (Hrsg.): Expansives Lernen. Baltmannsweiler: Schneider Verlag Hohengehren. 29-38

John, Birgit (2003): Familienbildung in Baden-Württemberg. Stuttgart: Familienwissenschaftliche Forschungsstelle statistisches Landesamt Baden-Württemberg

Jugendministerkonferenz (2003): Stellenwert der Eltern- und Familienbildung. Stärkung der Erziehungskompetenz der Eltern. Beschluss. URL: http://www.familienbildung.de/Jugendministerkonferenz.pdf [17.10.05]

Kade, Jochen/Nittel, Dieter/Seitter, Wolfgang (1999): Einführung in die Erwachsenenbildung/Weiterbildung. Stuttgart: Kohlhammer

Kaiser, Arnim (1990): Wie arbeiten lebensweltorientierte Ansätze? Prinzipien und Methoden lebensweltorientierter Bildungsarbeit. In: Grundlagen der Weiterbildung. H. 1. 13-18

Kaiser, Arnim (1992): Lebensweltorientierter Ansatz der Erwachsenenbildung. In: Grundlagen der Weiterbildung. H. 3. 288-290

Kempkes, Hans-Georg (1987): Teilnehmerorientierung in der Erwachsenenbildung. Eine themenorientierte Dokumentation. Frankfurt/M.: Pädagogische Arbeitsstelle des DVV

Klafki, Wolfgang (1963): Studien zur Bildungstheorie und Didaktik. Weinheim: Verlag Julius Beltz.

Klocke, Andreas/Hurrelmann, Klaus (1998): Kinder und Jugendliche in Armut. Umfang, Auswirkungen und Konsequenzen. Opladen: Westdeutscher Verlag

Klocke, Andreas/Spellerberg, Annette/Lück, Detlev (2002): Lebensstile im Haushalts- und Familienkontext. In: Zeitschrift für Familienforschung. 14. Jg. H. 1. 70-87

Krämer, Ulla/Voigt, Gaby (2004): Familien(ver)stärkung. Ein Kooperationsprojekt zur Familienbildung und Gesundheitsförderung für Migrantinnen. Nürnberg: Stadt Nürnberg

Kuwan, Helmut/Graf-Cuiper, Angelika/Tippelt, Rudolf (2004): Weiterbildungsnachfrage in Zahlen. Ergebnisse der Repräsentativbefragung. In: Barz, H./Tippelt, R. (Hrsg.): Weiterbildung und soziale Milieus in Deutschland. Band 2. Bielefeld: Bertelsmann Verlag. 19-86

Kuwan, Helmut/Thebis, Frauke (2004): Berichtssystem Weiterbildung IX. Ergebnisse der Repräsentativbefragung zur Weiterbildungssituation in Deutschland. Berlin: Bundesministerium für Bildung und Forschung

Landesinstitut für Schule und Weiterbildung (2001): Familienbildung 2010. Weiterentwicklung familienbezogener Dienste. Projektansätze und Perspektiven. Bönen: Verlag für Schule und Weiterbildung

Leyendecker, Birgit/Driessen, Ricarda (2002): Erziehungsvorstellungen von jungen Eltern: Wie soll mein Kind einmal werden? URL: http://www.familienhandbuch.de/cms/Erziehungsfragen-Erziehungsvorstellungen.pdf [17.11.05]

Liegle, Ludwig (1987): Familie/Familienerziehung. In: Eyferth, H./Otto, H.-U./Thiersch, H. (Hrsg.): Handbuch der Sozialarbeit/Sozialpädagogik. Studienausgabe. Neuwied [u.a.]: Luchterhand. 320-333

Limmer, Ruth (2004): Beratung von Alleinerziehenden. Grundlagen, Interventionen und Beratungspraxis. Weinheim/München: Juventa

Lippitz, Wilfried (1992): „Lebenswelt" – kritisch betrachtet. Ein Wort und viele Konzeptionen: Zur Karriere eines Begriffs. In: Neue Praxis. 22. Jg. H. 4. 295-311

Lösel, Friedrich (2004): Soziale Kompetenz für Kinder und Familien. Ergebnisse der Erlangen-Nürnberger Entwicklungs- und Präventionsstudie. Bonn: Bundesministerium für Familie, Senioren, Frauen und Jugend

Lösel, Friedrich (2006): Bestandsaufnahme und Evaluation von Angeboten im Elternbildungsbereich. Abschlussbericht. URL::http://www.bmfsfj.de/doku/elternbildungsbereich/ [30.05.07]

Loibl, Stefan (2005): Allianz für`s Lernen. Zum Verhältnis von Erwachsenenbildung und Sozialarbeit. In: DIE Zeitschrift für Erwachsenenbildung. 12. Jg. H. II. 49-51

Ludwig, Joachim (1999): Subjektperspektiven in neuen Lern-begriffen. In: Zeitschrift für Pädagogik. 45. Jg. H. 5. 667-682

Ludwig, Joachim (2002): Be-online: Lernberatung im Netz. URL: http://www.ibw.uni-hamburg.de/bwpat/ausgabe_2/ludwig_bwpat2 [16.10.2002]

Ludwig, Joachim (2004a): Bildung und expansives Lernen. In: Faulstich, P./Ludwig, J. (Hrsg.): Expansives Lernen. Baltmannsweiler: Schneider Verlag Hohengehren. 40-53

Ludwig, Joachim (2004b): Vermitteln – verstehen – beraten. In: Faulstich, P./Ludwig, J. (Hrsg.): Expansives Lernen. Baltmannsweiler: Schneider Verlag Hohengehren. 112-126

Ludwig, Joachim (2005): Modelle subjektorientierter Didaktik. In: Report. Literatur- und Forschungsreport Weiterbildung. 28. Jg. H. 1. 75-80

Mader, Wilhelm/Weymann, Ansgar (1975): Erwachsenenbildung. Bad Heilbrunn: Verlag Julius Klinkhardt

Mader, Wilhelm/Weymann, Ansgar (1979): Zielgruppenentwicklung, Teilnehmerorientierung und Adressatenforschung. In: Siebert, Horst (Hrsg.): Taschenbuch der Weiterbildungsforschung. Baltmannsweiler: Burgbücherei Schneider. 346-376

Mader, Wilhelm (1990): Adressatenforschung und Zielgruppenentwicklung. In: Grundlagen der Weiterbildung – Praxishilfen. Neuwied, Kriftel, Berlin: Luchterhand, Bd.2 (8. Forschung) 8.40. 1-14

Meier, Uta/Preuße, Heidi/Sunnus, Eva Maria (2003): Steckbriefe von Armut. Haushalte in prekären Lebenslagen. Wiesbaden: Westdeutscher Verlag

Mengel, Melanie/Oberndorfer, Rotraut/Rupp, Marina (2006): Alles unter einem Dach: Die niedrigschwelligen Modellprojekte ‚Fit fürs Baby' und ‚Familienbüro'. Abschlussbericht der wissenschaftlichen Begleitforschung. Bamberg: ifb-Materialien 2-2006

Meueler, Erhard (2003): Subjektivitätsfördernde Erwachsenenbildung. In: Meueler, Erhard (Hrsg.): Die Türen des Käfigs. Wege zum Subjekt in der Erwachsenenbildung. Stuttgart: Klett-Cotta. 169-186

Miller, Tilly (2003): Sozialarbeitsorientierte Erwachsenenbildung. Theoretische Begründung und Praxis. München, Neuwied: Luchterhand

Minsel, Beate (1994): Eltern- und Familienbildung. In: Tippelt, Rudolf (Hrsg.): Handbuch Erwachsenenbildung/Weiterbildung. Oplden: Leske + Budrich. 549-555

Mühlfeld, Claus (1995): Krisenattribuierungen in der Familiensoziologie. In: Bögenhold, Dieter (Hrsg.): Soziale Welt und soziologische Praxis. Soziologie als Beruf und Programm. Göttingen: Verlag Otto Schwartz & Co. 353-368

Müller, Kurt R. (1995): Lernen in der Weiterbildung. In: Arnold, R./Lipsmeier, A. (Hrsg.): Handbuch der Berufsbildung. Opladen: Leske + Budrich. 283-294

Munsch, Chantal (2003): Lokales Engagement und soziale Benachteiligung. In: Munsch, Chantal (Hrsg.): Sozial Benachteiligte engagieren sich doch. Über lokales Engagement und soziale Ausgrenzung und die Schwierigkeiten der Gemeinwesenarbeit. Weinheim, München: Juventa. 7-28

Nave-Herz, Rosemarie (2002): Kontinuität und Wandel der Familie in Deutschland. Eine zeitgeschichtliche Analyse. Stuttgart: Lucius & Lucius

Nestmann, Frank (2004): Ressourcenorientierte Beratung. In: Nestmann, F./Engel, F./Sickendiek, U. (Hrsg.): Das Handbuch der Beratung Band 2. Ansätze, Methoden und Felder. Tübingen: dgtv-Verlag. 725-736
Netzwerk für örtliche und regionale Familienpolitik (2002): Innovative Projekte in der Familienbildung. URL: http://www.ies.uni-hannover.de/Netzwerk/ netzwerkc2.html [18.10.04]
Neumann, Karl (1995): Familienbildung in Forschung und Lehre an der Universität. In: AGEF-Infodienst. Ausgabe I. April 1995. 17-23
Oberndorfer, Rotraut (2003): Neue Konzepte, Strategien und Erfahrungen bei der Umsetzung. In: Rupp, Marina (Hrsg.): Niederschwellige Familienbildung. Ergebnisse einer Fachtagung. Bamberg: ifb-Materialien 1-2003. 54-60
Oberndorfer, Rotraut/Mengel, Melanie (2004): Familienbildung zwischen Bildungsangebot und sozialer Dienstleistung. Leitfaden niedrigschwelliger Angebote der Familienbildung. Bamberg: ifb-Materialien 1-2004
Olbrich, Josef (2001): Geschichte der Erwachsenenbildung in Deutschland. Bonn: Bundeszentrale für politische Bildung
Paetzold, Bettina/Fried, Lilian (1989): Vorwort. In: Paetzold, Bettina/Fried, Lilian (Hrsg.): Einführung in die Familienpädagogik. Weinheim, Basel: Beltz Verlag. 13-17
Pettinger, Rudolf (1995): Von der Mütterschule zur Familienbildung als Instrument kommunaler Familienpolitik und Jugendhilfeplanung. In: AGEF-Infodienst. Ausgabe I. April 1995. 40-54
Pettinger, Rudolf (2005): Familienbildung! Pflicht oder Kür? – Anspruch und Wirklichkeit von Familienbildung nach dem Kinder- und Jugendhilfegesetz (KJHG). In: Arbeiterwohlfahrt Bundesverband e.V. (Hrsg.): Familienbildung! Pflicht oder Kür? Fachtagung zum Abschluss des Bundesmodellprojektes „Mobile Elternschule". Schriftenreihe Theorie und Praxis. 17-22 URL: http://www.familienbildung.info/dokumente/FachtagungPflicht-Kuer.pdf [17.02.06]
Pettinger, Rudolf/Rollik, Heribert (2005): Familienbildung als Angebot der Jugendhilfe. URL: http://bmfsfj.de/Publikationen/familienbildung/01-Redaktion/PDF-Anlagen/gesamtdokument, property=pdf,bereich=familienbildung,rwb=true.pdf [10.04.06]
Peucker, Christian/Riedel, Birgit (2004): Häuser für Kinder und Familien. Recherchebericht. URL: http://www.dji.de/abt6 [12.05.05]
Piorkowsky, Michael-Burkhard (2004): Lebens- und Familienentwürfe junger Menschen in sozialen Brennpunkten. In: Regiestelle E&C (Hrsg.): Lebens- und Familienentwürfe junger Menschen in sozialen Brennpunkten. Dokumentation des E&C-Werkstattgesprächs am 26.10.04 in Berlin, S. 5-8. URL: http://www.eundc.de/download/werkstatt_junge_familien.pdf [17.10.05]
Prenzel, M./Baumert, J./Blum, W./Lehmann, R./Leutner, D./Neubrand, M./ Pekrun, R./Rolff, H.-G./Rost, J./Schiefele, U. (2005): PISA 2003: Ergebnisse des zweiten Ländervergleichs. Zusammenfassung. URL: http://pisa.ipn.uni-kiel.de/Ergebnisse_PISA_2003.pdf [12.05.06]
Preuße, Heidi/Meier, Uta/Sunnus, Eva Maria (2003): Die Vielfalt von Alltagsproblemen in prekären Lebenslagen – Möglichkeiten ihrer Bewältigung und Prävention. Leitfaden für die Bildungs-, Beratungs- und Betreuungsarbeit. Gießen: Justus-Liebig-Universität
Rauschenbach, Thomas (2005): Familie als Bildungsort – Bildungsorte für Familien. Herausforderungen für eine moderne Familienbildung. Leicht veränderte und korrigierte Fassung des Vortrags auf dem „Zukunftsforum Familienbildung II" am 16.02.05 in Düsseldorf
Reich, Jutta/Panyr, Sylva/Drexl, Doris/Barz, Heiner/Tippelt, Rudolf (2004): Band 1. Praxishandbuch Milieumarketing. In: Barz, H./Tippelt, R. (Hrsg.): Weiterbildung und soziale Milieus in Deutschland. Bielefeld: Bertelsmann.
Reichle, Barbara (1994): Die Geburt des ersten Kindes – eine Herausforderung für die Partnerschaft. Bielefeld: Kleine Verlag
Reischmann, Jost (1995): Lernen „en passent" – die vergessene Dimension. In: Grundlagen der Weiterbildung. H. 4. 200-204
Reischmann, Jost (2004): Vom „Lernen „en passent" zum „kompositionellen Lernen". Untersuchung zu entgrenzten Lernformen. In: Grundlagen der Weiterbildung. H. 2. 92-95

Richter, Antje (2005): Frühe Armut. Prävention durch Gesundheitsförderung in Kindertageseinrichtungen. In: Aktion Jugendschutz – Landesstelle Baden Württemberg (Hrsg.): Hauptsache gesund...? Körperliches, psychisches und soziales Wohlbefinden von Kindern und Jugendlichen. Stuttgart: ajs-Jahrestagungsband

Riedel, Regina/Epple, Hartmut (2003): Forum 2: Eltern erreichen, die sonst nicht zu erreichen sind. In: E&C-Zielgruppenkonferenz (Hrsg.): Familien im Zentrum – Integrierte Dienste im Stadtteil. Dokumentation der Veranstaltung vom 11.-12.12.03. URL: http://www.eundc.de/kjp_do ku10.pdf [17.05.06]

Rupp, Marina (2003): Einführung: Niederschwellige Familienbildung im Überblick. In: Rupp, Marina (Hrsg.): Niederschwellige Familienbildung. Ergebnisse einer Fachtagung. Bamberg: ifb-Materialien Nr. 1-2003. 9-12

Sachße, Christoph (1996): Recht auf Erziehung – Erziehung durch Recht. Entstehung, Entwicklung und Perspektiven des Jugendhilferechts. In: Becker-Textor, Ingeborg/Textor, Martin (Hrsg.): SGB VIII – Online-Handbuch. URL: http://www.sgbviii.de/S105.html [23.02.06].

Sann, Alexandra/Thrum, Kathrin (2005): Opstapje – Schritt für Schritt. Ein präventives Spiel- und Lernprogramm für Kleinkinder aus sozial benachteiligten Familien und ihre Eltern. Praxisleitfaden. URL: http://www.dji.de/opstapje/praxisleitfaden/Opstapje_Praxisleitfaden.pdf [17.05.06]

Schaarschmidt, Maike (2003): Familienbildung – aktuelle Entwicklungen und Angebote. Netzwerk für örtliche und regionale Familienpolitik, Rundbrief Juni 2003. Hannover. URL: http://www. ies.uni-hannover.de/fileadmin/ download/rb06_03.pdf. 1-8

Schäffter, Ortfried (1981): Zielgruppenorientierung in der Erwachsenenbildung. Aspekte einer erwachsenenpädagogischen Planungs- und Handlungskategorie. Braunschweig: Westermann.

Schäffter, Ortfried (1997): Bildung zwischen Helfen, Heilen und Lehren. Zum Begriff des Lernanlasses. In: Krüger, H.-H./Olbertz, J.-H. (Hrsg.): Bildung zwischen Markt und Staat. Opladen: Leske + Budrich. 691-708

Scheile, Hermann (1980): Familienbildung als erwachsenenpädagogische Aufgabe. Paderborn: Verlag Ferdinand Schöningh

Schiersmann, Christiane/Thiel, Heinz-Ulrich (1981): Leben und Lernen im Familienalltag. Ein situations- und handlungsorientiertes Didaktikmodell für den Bildungsurlaub mit Familien. Frankfurt/M.: Pädagogische Arbeitsstelle des DVV

Schiersmann, Christiane/Thiel, Heinz-Ulrich/Völker, Monika (1984): Einleitung. In: Schiersmann, C./Thiel, H.-U./Völker, M. (Hrsg.): Bildungsarbeit mit Zielgruppen. Bad Heilbrunn: Klinkhardt. 9-11

Schiersmann, Christiane (1984): Bildungs- und gesellschaftspolitische Begründungszusammenhänge und Zielperspektiven der Bildungsarbeit mit Zielgruppen. In: Schiersmann, C./Thiel, H.-U./Völker, M. (Hrsg.): Bildungsarbeit mit Zielgruppen. Bad Heilbrunn: Klinkhardt. 12-25

Schiersmann, Christiane/Thiel, Heinz-Ulrich/Fuchs, Kirsten/Pfinzenmaier, Eva (1998): Innovationen in Einrichtungen der Familienbildung. Eine bundesweite empirische Institutionenanalyse. Opladen: Leske + Budrich

Schiersmann, Christiane (2001a): Institutionenanalyse am Beispiel der Familienbildung. In: Faulstich, P./Wiesner, G./Wittpoth, J. (Hrsg.): Wissen und Lernen, didaktisches Handeln und Institutionalisierung. Beiheft zum Report. Bielefeld: Bertelsmann. 190-202

Schiersmann, Christiane (2001b): Zielgruppen. In: Arnold, R./Nolda, S./Nuissl, E. (Hrsg.): Wörterbuch Erwachsenenpädagogik. Bad Heilbrunn: Klinkhardt. 344-347

Schindler, Hans/Wacker, Ali/Wetzels, Peter (1990): Familienleben in der Arbeitslosigkeit. Ergebnisse neuer europäischer Studien. Heidelberg: Roland Asanger Verlag

Schleicher, Klaus (1979): Standortbestimmung der Familienbildung als politischer Bildung. In: Claußen, Bernhard (Hrsg.): Elternbildung als Aufgabe politischer Bildung. Bonn: Schriftenreihe der Bundeszentrale für politische Bildung. 51-68

Schlevogt, Vanessa (2003): Veränderungen in der kommunalen Kinder- und Jugendhilfe in Monheim: Der Aufbau einer Präventionskette zur Verhinderung von Armutsfolgen. Zusammenfassung der Evaluationsergebnisse. Frankfurt/M.: ISS e.V.

Schlutz, Erhard (2001): Realistische Wende. In: Arnold, R./Nolda, S./Nuissl, E. (Hrsg.): Wörterbuch der Erwachsenenpädagogik. Bad Heilbrunn: Klinkhardt. 271

Schmitz, Enno (1984): Erwachsenenbildung als lebensweltbezogener Erkenntnisprozess. In: Schmitz, E./Tietgens, H. (Hrsg.): Enzyklopädie Erziehungswissenschaft Bd. 11. Stuttgart: Klett-Cotta. 95-123

Schneider, Norbert (2002): Elternschaft heute. In: Schneider, N./Matthias-Bleck, H. (Hrsg.): Elternschaft heute. Gesellschaftliche Rahmenbedingungen und individuelle Gestaltungsaufgaben. Opladen: Leske + Budrich. 9-22

Schopp, Johannes/Wehner, Jana (2005): Eltern Stärken – Dialogische Elternseminare. In: Tschöpe-Scheffler, Sigrid (Hrsg.): Konzepte der Elternbildung – Eine kritische Übersicht. Opladen: Verlag Babara Budrich. 161-174

Schüssler, Ingeborg (2004): Sind Lernbegründungen emotional? – Holzkamps Lerntheorie im Spiegel motivations- und erkenntnistheoretischer Konzepte. In: Faulstich, P./Ludwig, J. (Hrsg.): Expansives Lernen. Baltmannsweiler: Schneider Verlag Hohengehren. 100-111

Schütz, Alfred/Luckmann, Thomas (^{4}1991): Strukturen der Lebenswelt Bd. 1. Frankfurt/M.: Suhrkamp

Schütze, Yvonne (2002): Zur Veränderung im Eltern-Kind-Verhältnis seit der Nachkriegszeit. In: Nave-Herz, Rosemarie (Hrsg.): Kontinuität und Wandel der Familie in Deutschland. Eine zeitgeschichtliche Analyse. Stuttgart: Lucius & Lucius. 71-97

Schulenberg, Wolfgang (1979): Soziale Lage und Weiterbildung. Braunschweig: Westermann

Schwarze, Johannes/Mühling, Tanja. (2003): Auswertung des Niedrigeinkommens-Panels (NIEP) im Hinblick auf eine mehrdimensionale Analyse von Armut. Bonn: Bundesministerium für Gesundheit und soziale Sicherung

Schymroch, Hildegard (1989): Von der Mütterschule zur Familienbildungsstätte. Entstehung und Entwicklung in Deutschland. Freiburg i. Br.: Lambertus

Seiverth, Andreas (2001): Familienbildung. In: Arnold, R./Nolda, S./Nuissl, E. (Hrsg.). Wörterbuch Erwachsenenpädagogik. Bad Heilbrunn: Klinkhardt. 115-116

Sgolik, Volker (2000): Bildungsangebote für das Leben in Familien zwischen Andragogik und Sozialpädagogik. Regensburg. tectum

Siebert, Horst (1994): Erwachsenenbildung in der Bundesrepublik Deutschland – Alte Bundesländer und neue Bundesländer. In: Tippelt, Rudolf (Hrsg.): Handbuch Erwachsenenbildung/Weiterbildung. Opladen: Leske + Budrich. 52-79

Siebert, Horst (^{3}2000): Didaktisches Handeln in der Erwachsenenbildung. Didaktik aus konstruktivistischer Sicht. Neuwied/Kriftel: Luchterhand

Smolka, Adelheid (2002): Beratungsbedarf und Informationsstrategien im Erziehungsalltag. Ergebnisse einer Elternbefragung zum Thema Familienbildung. Bamberg: ifb-Materialien 5-2002

Statistisches Bundesamt (^{2}2005): Datenreport 2004. Zahlen und Fakten über die Bundsrepublik Deutschland. URL: http://www.destatis.de/datenreport/ [27.11.05]

Stillger, Barbara (2001): Familie und Geld. In: Institut für Entwicklungsplanung und Strukturforschung (Hrsg.): Kommunale Strategien zur Armutsprävention. Netzwerk für örtliche und regionale Familienpolitik. Sonderrundbrief. 9-10

Strätling, Barthold (1990): Eltern- und Familienbildung. In: Textor, Martin (Hrsg.): Hilfen für Familien. Ein Handbuch für psychosoziale Berufe. Frankfurt/M.: Fischer TB Verlag. 215-237

Strzelewicz, Willy/Raapke, Hans-Dietrich/Schulenberg, Wolfgang (1966): Bildung und gesellschaftliches Bewußtsein. Stuttgart: Ferdinand Enke Verlag

Textor, Martin (1990): Hilfen für Familien. Ein Handbuch für psychosoziale Berufe. Frankfurt/M.: Fischer TB Verlag

Textor, Martin (1996): Allgemeine Förderung der Erziehung in der Familie. § 16 SGB VIII. Stuttgart: Boorberg
Thiel, Heinz-Ulrich (1984): Zur Struktur der pädagogischen Arbeit mit Zielgruppen. In: Schiersmann, C./Thiel, H.-U./Völker, M. (Hrsg.): Bildungsarbeit mit Zielgruppen. Bad Heilbrunn: Klinkhardt. 26-49
Thiersch, Hans (2004): Lebensweltorientierte Soziale Beratung. In: Nestmann, F./Engel, F./Sickendiek, U. (Hrsg.): Das Handbuch der Beratung Band 2. Ansätze, Methoden und Felder. Tübingen: dgtv-Verlag. 699-709
Tietgens, Hans (1977): Adressatenorientierung in der Erwachsenenbildung. In: Hessische Blätter für Volksbildung. Jg. 1977. H. 4. 283-290
Tietgens, Hans (1978) [1964]: Warum kommen wenig Industriearbeiter in die Volkshochschule? In: Schulenberg, Wolfgang (Hrsg.): Erwachsenenbildung. Darmstadt: Wissenschaftliche Buchgesellschaft. 98-174
Tietgens, Hans (1986): Erwachsenenbildung als Suchbewegung. Bad Heilbrunn: Klinkhardt
Tietgens, Hans (1993): Der Begriff der Lebenswelt im Kontext der Erwachsenenbildung. In: Erwachsenenbildung. H. 2. 59-62
Tietgens, Hans (1994): Geschichte der Erwachsenenbildung. In: Tippelt, Rudolf (Hrsg.): Handbuch Erwachsenenbildung/Weiterbildung. Opladen: Leske + Budrich. 23-39
Tietgens, Hans (2001): Teilnehmerorientierung. In: Arnold, R./Nolda, S./Nuissl, E. (Hrsg.): Wörterbuch Erwachsenenpädagogik. Bad Heilbrunn: Klinkhardt. 304-305
Tippelt, Rudolf (1997): Sozialstruktur und Erwachsenenbildung: Lebenslage, Lebensstil und soziale Milieus. In: Brödel, Rainer (Hrsg.): Modernisierung und Erwachsenenbildung. Opladen: Leske + Budrich. 53-69
Tippelt, Rudolf/Reich, Jutta/Panyr, Sylva/Eckert, Thomas/Barz, Heiner (2004): Weiterbildungsverhalten und -interessen in milieuspezifischer Zuspitzung. In: Barz, H./Tippelt, R. (Hrsg.): Weiterbildung und soziale Milieus in Deutschland. Band. 2. Bielefeld: Bertelsmann Verlag. 87-133
Tippelt, Rudolf/Hippel von, Aiga (2005): Lebenslagen – Lebensphasen – Lebensstile. Entgrenzung der Teilnehmerschaft. In: DIE Zeitschrift für Erwachsenenbildung. 12. Jg. H. I. 33-35
Tough, Allen (^{2}1979): The Adult's Learning Projects. A Fresh Approach to Theory ans Practice in Adult Leraning. Toronto: The Onatorio Institute for Studies in Ecucation
Tschöpe-Scheffler, Sigrid (2005a): Einleitende Überlegungen der Herausgeberin. In: Tschöpe-Scheffler, Sigrid (Hrsg.): Konzepte der Elternbildung – Eine kritische Übersicht. Opladen: Verlag Babara Budrich. 9-21
Tschöpe-Scheffler, Sigrid (2005b): ...eine kritische Übersicht. In: Tschöpe-Scheffler, Sigrid (Hrsg.): Konzepte der Elternbildung – Eine kritische Übersicht. Opladen: Verlag Babara Budrich. 273-333
Trenczek, Thomas (2002): Handlungsmaxime der Jugendhilfe nach dem SGB VIII. In: Becker-Textor, Ingeborg/Textor, Martin (Hrsg.): SGB VIII – Online-Handbuch. URL: http://www.sgb viii.de/S111.html [23.02.06]
Ufermann, Karin (1989): Elternbildung und Elternarbeit im Rahmen der Vorschulerziehung. In: Hohmeier, J./Mair, H. (Hrsg.): Eltern- und Familienarbeit: Familien zwischen Selbsthilfe und professioneller Hilfe. Freiburg i. Br.: Lambertus. 72-89
VAMV [Bundesverband alleinerziehender Mütter und Väter e.V.] (2005): Informationen für Einelternfamilien. H. 4
Vester, Michael (2004): Die sozialen Milieus und die gebremste Bildungsexpansion. In: Dewe, B./Wiesner, G./Zeuner, C. (Hrsg.): Milieus, Arbeit, Wissen: Realität in der Erwachsenenbildung. Report 1/2004. 27. Jg.. 15-34
Vossler, Andreas (2006): Was erwarten Eltern von der Erziehungsberatung. In: Wahl, K./Hees, K. (Hrsg.): Helfen „Super Nanny" und Co.? Ratlose Eltern – Herausforderung für die Elternbildung. Weinheim/Basel: Beltz Verlag. 59-70

Wahl, Klaus/Alt, Christian/Hoops, Sabrina/Sann, Alexandra/Thrum, Kathrin (2006): Elterliche Erziehungskompetenzen: Auskünfte aus empirischen Studien. In: Wahl, K./Hees, K. (Hrsg.): Helfen „Super-Nanny" und Co.? Ratlose Eltern – Herausforderung für die Elterbildung. Weinheim/Basel: Beltz Verlag. 31-43

Wahl, Klaus/Sann, Alexandra (2006): Resümee und Ausblick: Welche Kriterien sollten kompetente Angebote der Elternbildung erfüllen? In: In: Wahl, K./ Hees, K. (Hrsg.): Helfen „Super-Nanny" und Co.? Ratlose Eltern – Herausforderung für die Elternbildung. Weinheim/Basel: Beltz Verlag. 139-154

Walper, Sabine (1999): Auswirkungen von Armut auf die Entwicklung von Kindern. In: Lepenies A./Nunner-Winkler, G./Schäfer, G./Walper, S. (Hrsg.): Kindliche Entwicklungspotentiale. Materialien zum 10. Kinder- und Jugendbericht Band 1. München: DJI Verlag

Walter, Wolfgang (1998): Familienbildung als Instrument der Familienarbeit. In: Bierschock, K./ Oberndorfer, R./Walter, W. (Hrsg.): Von den Elternbriefen zur Familienarbeit. Inhalte, Organisation und Wirkungsweise der Familienbildung. Bamberg: ifb-Materialien Nr. 2-98

Walter, Wolfgang/Bierschock, Kurt/Oberndorfer, Rotraut/Schmitt, Christian/Smolka, Adelheid (2000): Familienbildung als präventives Angebot. Einrichtungen, Ansätze, Weiterentwicklung. Bamberg: ifb-Materialien 5-2000

Walter, Wolfgang/Künzler, Jan (2002): Parentales Engagement. Mütter und Väter im Vergleich. In: Schneider, N./Matthias-Bleck, H. (Hrsg.): Elternschaft heute. Gesellschaftliche Rahmenbedingungen und individuelle Gestaltungsaufgaben. Opladen: Leske + Budrich. 95-119

Wehinger, Ulrike (2005): Einblick in die Arbeit des Pen Green Centre, England. In: Tschöpe-Scheffler, Sigrid (Hrsg.): Konzepte der Elternbildung – Eine kritische Übersicht. Opladen: Verlag Babara Budrich. 175-186

Weiß, Hans (2004): Armut als Entwicklungsrisiko – Möglichkeiten der Prävention und Intervention. Vortrag im Rahmen der Fachtagung „Früh übt sich..." zum Modellprojekt ‚Optapje – Schritt für Schritt' am 14.09.04. URL: http://www.dji.de/bibs/321_4172Vortrag_Weiss_Abschluss tagung.pdf [16.05.06]

Weskamp, Hannelore (2002): Familienbildung als Teil von Familienselbsthilfe am Beispiel von Mütterzentren. In: Institut für Entwicklungsplanung und Strukturforschung (Hrsg.): Eltern und Familien brauchen eine Familienbildung von morgen. Netzwerk für örtliche und regionale Familienpolitik. Rundbrief Oktober. 23-26

Wissenschaftlicher Beirat für Familienfragen [beim Bundesministerium für Familie, Senioren, Frauen und Jugend] (2005): Stärkung familialer Erziehungs- und Beziehungskompetenzen. Kurzfassung des Gutachtens. URL: http://www.familienbildung.de/PDFII.pdf [16.05.06]

Wittpoth, Jürgen (2005): Autonomie, Feld und Habitus. Anmerkungen zum Zustand der Erwachsenenbildung in der Perspektive Bourdieus. In: Hessische Blätter für Volksbildung. 55. Jg. H. 1. 26-36

Zingeler, Ursula (2005): Jenseits des Müttermythos. Über die Trennung von Gebären und Aufziehen. Weinheim: Juventa

Anhang

Anhang I: § 16 SGB VIII

Allgemeine Förderung der Erziehung in der Familie

(1) Müttern, Vätern, anderen Erziehungsberechtigten und jungen Menschen sollen Leistungen der allgemeinen Förderung der Erziehung in der Familie angeboten werden. Sie sollen dazu beitragen, dass Mütter, Väter und andere Erziehungsberechtigte ihre Erziehungsverantwortung besser wahrnehmen können. Sie sollen auch Wege aufzeigen, wie Konfliktsituationen in der Familie gewaltfrei gelöst werden können.

(2) Leistungen zur Förderung der Erziehung in der Familie sind insbesondere
1. Angebote der Familienbildung, die auf Bedürfnisse und Interessen sowie auf Erfahrungen von Familien in unterschiedlichen Lebenslagen und Erziehungssituationen eingehen, die Familie zur Mitarbeit in Erziehungseinrichtungen und in Formen der Selbst- und Nachbarschaftshilfe besser befähigen sowie junge Menschen auf Ehe, Partnerschaft und das Zusammenleben mit Kindern vorbereiten,
2. Angebot der Beratung in allgemeinen Fragen der Erziehung und Entwicklung junger Menschen,
3. Angebot der Familienfreizeit und der Familienerholung, insbesondere in belastenden Familiensituationen, die bei Bedarf die erzieherische Betreuung der Kinder einschließen.

(3) Das Nähere über Inhalt und Umfang der Aufgaben regelt das Landesrecht.

(BMFSFJ 2005b, 52)

Anhang II: Bayerisches Erwachsenenbildungsgesetz EbFöG

Art. 1: Begriff und Aufgaben der Erwachsenenbildung

Erwachsenenbildung (Weiterbildung) ist ein eigenständiger gleichberechtigter Hauptbereich des Bildungswesens. Sie verfolgt das Ziel, zur Selbstverantwortung und Selbstbestimmung des Menschen beizutragen. Sie gibt mit ihren Bildungsangeboten Gelegenheit, die in der Schule, Hochschule oder in der Berufsausbildung erworbene Bildung zu vertiefen, zu erneuern und zu erweitern; ihr Bildungsangebot erstreckt sich auf persönliche, gesellschaftliche, politische und berufliche Bereiche. Sie ermöglicht dadurch den Erwerb von zusätzlichen Kenntnissen und Fähigkeiten, fördert die Urteils- und Entscheidungsfähigkeit, führt zum Abbau von Vorurteilen und befähigt zu einem besseren Verständnis gesellschaftlicher und politischer Vorgänge aus Voraussetzung eigenen verantwortungsbewussten Handelns. Sie fördert die Entfaltung schöpferischer Fähigkeiten.

Art. 3: Träger und Einrichtungen der Erwachsenenbildung

(1) Träger der Erwachsenenbildung im Sinn dieses Gesetzes sind juristische Personen des öffentlichen oder privaten Rechts, die mit ihren Einrichtungen ausschließlich und unmittelbar gemeinnützige Zwecke verfolgen.
(2) Einrichtungen der Erwachsenenbildung im Sinn dieses Gesetzes sind nur solche, die in planmäßiger und beständiger pädagogischer Arbeit und vorwiegend unmittelbarem Kontakt zwischen Lehrenden und Lernenden ausschließlich Bildungsaufgaben nach Art. 1 erfüllen. Einrichtungen, die überwiegend einem fachlichen Spezialgebiet dienen, Einrichtungen des Sports, Einrichtungen der Jugend- und Sozialhilfe und verwaltungs- oder betriebsinterne berufliche Aus- und Fortbildungseinrichtungen sind nicht Einrichtungen der Erwachsenenbildung im Sinn dieses Gesetzes. Zu den Einrichtungen der Erwachsenenbildung im Sinn dieses Gesetzes gehören ferner nicht die Massenmedien, Fernlehrinstitute, Bibliotheken, Einrichtungen der allgemeinen Kultur- und Kunstpflege, der Brauchtums- und Heimatpflege, Einrichtungen, die überwiegend der Unterhaltung dienen und alle ähnlichen Einrichtungen.

(URL: http://www.servicestelle-bayern.de)

Anhang III: Leitfaden Telefonbefragung

> Haben Sie derzeit Angebote *speziell* für sozial benachteiligte und bildungsferne Eltern oder Familien in Ihrem Programm?

Falls Ja:
- Was ist das für ein Angebot? Können Sie mir dieses etwas genauer beschreiben? Ist es möglich, mir ein Programmheft oder -ankündigung zuzusenden bzw. finde ich dieses im Internet?
- Was unterscheidet dieses Angebot von ihren anderen Angeboten?
- Wen genau wollen Sie mit diesem Angebot erreichen? Können sie mir die Zielgruppe genauer beschreiben?
- Wie ist die Resonanz? Konnte die angestrebte Zielgruppe erreicht werden? Gab es irgendwelche Besonderheiten oder Probleme?

Falls Nein:
- Planen Sie ein solches Angebot?
- Was ist das für ein Angebot? Können Sie mir dieses genauer beschreiben?
- Was unterscheidet dieses Angebot von ihren anderen Angeboten?
- Wen genau wollen Sie mit diesem Angebot erreichen? Können sie mir die Zielgruppe genauer beschreiben?

> Haben Sie in den letzten Jahren versucht, solche Angebote umzusetzen?

Falls Ja:
- Was war das für ein Angebot? Können Sie mir dieses etwas genauer beschreiben?
- Was unterschied dieses Angebot von ihren anderen Angeboten?
- Wen genau wollten Sie mit diesem Angebot erreichen? Können sie mir die Zielgruppe genauer beschreiben?
- Wie war die Resonanz? Konnte die angestrebte Zielgruppe erreicht werden? Gab es irgendwelche Besonderheiten oder Probleme?

> Kommen sozial benachteiligte und bildungsferne Eltern zu anderen Angeboten ihrer Einrichtung?

Falls ja:
- Was ist das für ein Angebot? Können Sie mir dieses genauer beschreiben?

Sozialstruktur

Eva Barlösius
Die Macht der Repräsentation
Common Sense über soziale Ungleichheiten
2005. 192 S. Br. EUR 26,90
ISBN 978-3-531-14640-9

Helmut Bremer /
Andrea Lange-Vester (Hrsg.)
Soziale Milieus und Wandel der Sozialstruktur
Die gesellschaftlichen Herausforderungen und die Strategien der sozialen Gruppen
2006. 419 S. Br. EUR 34,90
ISBN 978-3-531-14679-9

Rauf Ceylan
Ethnische Kolonien
Entstehung, Funktion und Wandel am Beispiel türkischer Moscheen und Cafés
2006. 272 S. Br. EUR 32,90
ISBN 978-3-531-15258-5

Rainer Geißler
Die Sozialstruktur Deutschlands
Zur gesellschaftlichen Entwicklung mit einer Bilanz zur Vereinigung
Mit einem Beitrag von Thomas Meyer
4., überarb. und akt. Aufl. 2006. 428 S.
Br. EUR 26,90
ISBN 978-3-531-42923-6

Wilhelm Heitmeyer /
Peter Imbusch (Hrsg.)
Integrationspotenziale einer modernen Gesellschaft
2005. 467 S. Br. EUR 36,90
ISBN 978-3-531-14107-7

Stefan Hradil
Die Sozialstruktur Deutschlands im internationalen Vergleich
2. Aufl. 2006. 304 S. Br. EUR 24,90
ISBN 978-3-531-14939-4

Matthias Richter /
Klaus Hurrelmann (Hrsg.)
Gesundheitliche Ungleichheit
Grundlagen, Probleme, Perspektiven
2006. 459 S. Br. EUR 39,90
ISBN 978-3-531-14984-4

Jörg Rössel
Plurale Sozialstrukturanalyse
Eine handlungstheoretische Rekonstruktion der Grundbegriffe der Sozialstrukturanalyse
2005. 402 S. Br. EUR 39,90
ISBN 978-3-531-14782-6

Erhältlich im Buchhandel oder beim Verlag.
Änderungen vorbehalten. Stand: Januar 2007.

www.vs-verlag.de

VS VERLAG FÜR SOZIALWISSENSCHAFTEN

Abraham-Lincoln-Straße 46
65189 Wiesbaden
Tel. 0611.7878-722
Fax 0611.7878-400

If you have any concerns about our products,
you can contact us on
ProductSafety@springernature.com

In case Publisher is established outside the EU,
the EU authorized representative is:
**Springer Nature Customer Service Center GmbH
Europaplatz 3, 69115 Heidelberg, Germany**

Printed by Libri Plureos GmbH
in Hamburg, Germany